TEDUKURI WANKOFUKU HAJIMETE BOOK
ⓒ Kazuko Ryokai 2011 ⓒ TATSUMI PUBLISHING CO., LTD. 2011
Originally published in Japan in 2011 by TATSUMI PUBLISHING CO., LTD., TOKYO,
Korean translation rights arranged with TATSUMI PUBLISHING CO., LTD., TOKYO,
through TOHAN CORPORATION, TOKYO, and BC Agency, SEOUL.

이 책의 한국어판 저작권은 BC 에이전시를 통한
저작권자와의 독점 계약으로 지브레인에 있습니다. 저작권법에 의해
한국 내에서 보호를 받는 저작물이므로 무단전재와 복제를 금합니다.

내 강아지 옷 만들기

ⓒ 료카이 가즈코, 2023

초판 1쇄 발행일 2023년 2월 7일
초판 1쇄 인쇄일 2023년 2월 15일

지은이 료카이 가즈코   옮긴이 박재현
펴낸이 김지영   펴낸곳 지브레인^{Gbrain}
편 집 김현주   마케팅 김동준·조명구
제 작 김동영

출판등록 2001년 7월 3일 제2005-000022호
주소 04021 서울시 마포구 월드컵로7길 88 2층
전화 (02)2648-7224   팩스 (02)2654-7696

ISBN 978-89-5979-770-7(13590)

- 책값은 뒷표지에 있습니다.
- 잘못된 책은 교환해 드립니다.
- 해든아침은 지브레인의 취미·실용 전문 브랜드입니다.

Contents

티셔츠
줄무늬×도트무늬 티셔츠   8
줄무늬×플라워 티셔츠   9
플라워 티셔츠   10
도트무늬 티셔츠   11

탱크톱
레슬러 탱크톱   12
플라워 모티브 탱크톱   13

파카
스웨트 파카   14
보더 파카   16

베스트
십자가 모티브 파카 베스트   18

캐미솔
레이스 캐미솔   20

원피스
플라워 코르사주 원피스   22
깅엄 체크 원피스   23

재킷
블리딩 재킷   24

코트
트위드 코트   28

소품
코르사주 목줄과 리드   30
강아지와 커플 코르사주 반지   30
산책용 앞치마   31
강아지 모양 & 뼈다귀 모양 장난감   32
산책용 숄더백   33
쿠션 방석   34
강아지 매트   35

 원 포인트로 멋스럽게 연출해요!
　어레인지 컬렉션　　　　　　　　36

 기본 스타일을 마스터해보세요~
　썩둑썩둑 잘라 탱크톱 만들기　　38

옷 만들기의 기초
　내 강아지가 좋아할 원단을 선택해요　41
　원단 소개　　　　　　　　　　42
　내 강아지의 사이즈를 알아봐요　44
　모델 강아지들　　　　　　　　46
　사이즈를 조정해요　　　　　　48
　사이즈나 형태, 옷 선택할 때의 주의점　51
　내 강아지에게 어울리는 옷을 골라요　52
　내 강아지를 위한 옷본을 만들어요　53
　실물 크기의 옷본이 없는 경우　54
　도구가 필요해요　　　　　　　55
　원단을 재단할 준비를 해요　　56
　바느질의 기본을 마스터해요　57

옷 만드는 방법
　줄무늬×도트무늬 티셔츠　　　60
　줄무늬×플라워 티셔츠　　　　60
　플라워 티셔츠　　　　　　　　63
　도트무늬 티셔츠　　　　　　　63
　레슬러 탱크톱　　　　　　　　65
　플라워 모티브 탱크톱　　　　66
　스웨트 파카　　　　　　　　　68
　보더 파카　　　　　　　　　　68
　레이스 캐미솔　　　　　　　　71
　플라워 코르사주 원피스　　　74
　깅엄 체크 원피스　　　　　　76
　블리딩 재킷　　　　　　　　　79
　십자가 모티브 파카 베스트　　83
　트위드 코트　　　　　　　　　35
　코르사주 목줄과 리드　　　　38
　강아지와 커플 코르사주 반지　88
　산책용 앞치마　　　　　　　　90
　강아지 모양 & 뼈다귀 모양 장난감　92
　산책용 숄더백　　　　　　　　94
　쿠션 방석　　　　　　　　　　97
　강아지 매트　　　　　　　　　99

강아지도 반려인도 행복하게

강아지에게 옷을 입힌다.
이에 대하여 사람마다
각기 다른 생각을 가지고 있을 거예요.
하지만 사랑하는 강아지의 털색이나 개성을
고려하여 만든 독창적인 옷과 소품,
그것은 강아지에 대한 사랑의 선물로
행복한 커뮤니케이션이기도 해요.
강아지에게 스트레스를 주지 않는
디자인과 소재를 선택하여
내 강아지만을 위한
옷과 소품을 만들어주면,
사랑하는 강아지도 분명 행복해할 거예요!

combination T-shirt of border×dot
with Miniature Schnauzer

(줄무늬×도트무늬 티셔츠)

호기심이 많은 아이에게 어울리는
귀여우면서도 얌전해 보이는 마린룩입니다.
두 가지 무늬도 차분한 배색으로
깔끔하게 마무리했어요.

How to make ... P 60

(줄무늬×플라워 티셔츠)

화창한 날에는 사이좋게 외출해보세요.
꽃무늬로 포인트를 준 줄무늬 티셔츠라면
더 즐거울 거예요.

How to make ••• P 60

combination T-shirt of border × flower
with Yorkshire Terrier

(플라워 티셔츠)

꽃무늬라면
심플한 티셔츠라도
얼마든지 사랑스럽게
연출할 수 있어요.
내추럴한 분위기는
일상복은 물론
외출복에도 좋아요.

How to make ••• P 63

flower printed T-shirt
with **Papillon**

dot printed T-shirt
with **Toy Poodle**

(도트무늬 티셔츠)

눈에 띄지 않는 수수한 색상이라도
도트무늬라면 이렇게 귀여워요.
은근한 멋을 연출할 수 있어서
파티의 주인공에게 잘 어울려요.

How to make ··· P 63

{ 레슬러 탱크톱 }

마음껏 뛰어놀고
마음껏 웃어요.
이런 즐거운 날에는
비비드 컬러의
활력 넘치는
탱크톱이 제격이죠.

How to make *** P 65

wrestler tank-top
with French
Bulldog

tank-top with flower motif
with **Miniature Dachshund**

(플라워 모티브 탱크톱)

단순해 보일 수 있는 탱크톱에
꽃 한 송이가 피었어요.
작은 아이디어로
귀여운 내 강아지만을 위한
명품으로 변신했어요!

How to make ··· P 66

(스웨트 파카)

후드 안쪽으로 살짝 보이는 귀여운 꽃무늬.
세심한 디자인이 외출을 더욱 즐겁게 해요.

How to make ... **P 68**

(보더 파카)

한껏 멋을 부린 날은 왠지 기분도 좋아요.
아플리케는 물론 안감까지 귀여워
'이것 봐라! 울 엄마가 만들어준 옷이다!'라고
자랑하고 싶겠죠.

How to make ··· **P 68**

border parka
with
**French
Bulldog**

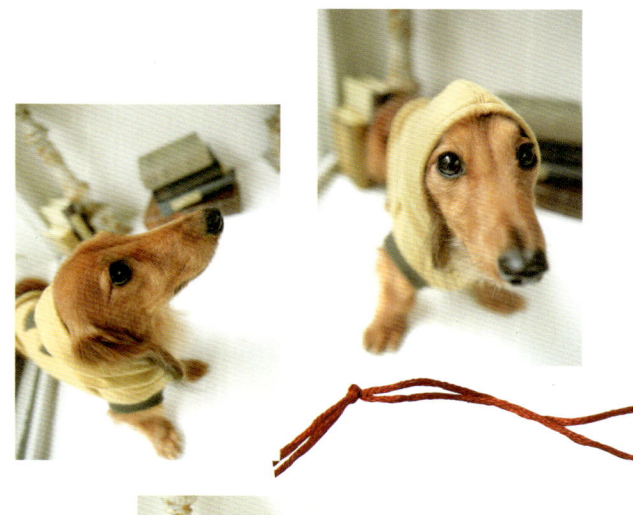

parka vest with cross motif
with Miniature Dachshund

(십자가 모티브 파카 베스트)

등에 십자가로 포인트를 준
최신 유행의 조끼,
캐주얼한 연출로
언제 어디서든 입을 수 있어요.

How to make ✦✦✦ P 83

십자가 모티브 파카 베스트

포근한 햇살이 비추는
기분 좋은 날에는
테라스에서 자연을 만끽해요.
활기찬 옷차림도
시크한 색상을 사용하면
멋쟁이로 보여요.

How to make ▸▸▸ P 83

parka vest with
cross motif with
Wire Fox Terrier

(레이스 캐미솔)

한 송이 꽃처럼
귀엽고 달콤한 색상을
사용하는 것이 포인트예요.
몸에 착 붙어서 착용감이 좋아요.

How to make ••• P 71

lace camisole
with **Chihuahua**

lace camisole
with **Papillon**

(레이스 캐미솔)

순수함을 강조한 오프화이트의
캐미솔입니다.
꽃무늬 아플리케로 달콤함을 더했어요.

How to make ... P 71

(플라워 코르사주 원피스)

사뿐사뿐 로맨틱한 원피스, 마치 드레스 같아요.
어깨에 달린 코르사주와
셔벗 컬러가 시선을 사로잡아요.

How to make *** **P 74**

one-piece with flower corsage
with **Chihuahua**

gingham check one-piece
with **Toy Poodle**

(깅엄 체크 원피스)

유행을 타지 않는 체크무늬를 이용한
복고풍 여름 원피스예요.
등에 작은 장미꽃을 달아
여성스러움을 한층 강조했어요.

How to make ... P 76

(블리딩 재킷)

집 안에서 느긋하게 보내는 휴식시간.
잘라낸 천에 빨간색 스티치와 아플리케로
포인트를 줘 고급스러운 멋을 연출해요.

How to make *** P 79

bleeding jacket
with **Wire Fox Terrier**

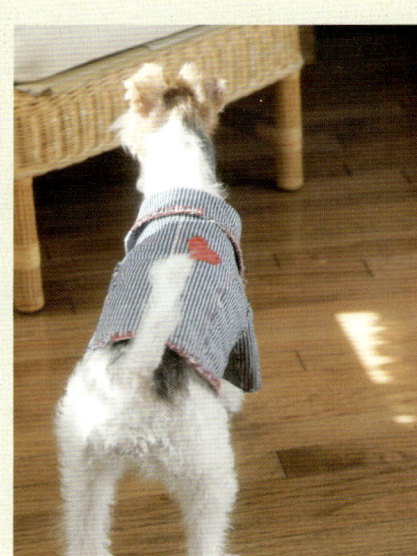

bleeding jack with
York Shire Terrier

(블리딩 재킷)

낡은 청바지가 상큼발랄한
옷으로 변신했어요.
등에 자수로 포인트를 줘
더 멋있죠?

How to make *** P 79

(트위드 코트)

외출하는 날에는 트위드 코트로 멋을 내요.
등 뒤의 장식벨트와 클래식한 숄칼라로
한껏 복고적인 멋을 보여주고 있습니다.

How to make ✳ ✳ ✳ **P 85**

tweed coat with
**Jack Russell Terrier,
Miniature Schnauzer**

코르사주 목줄과 리드
강아지와 커플 코르사주 반지

매일 사용하는 필수품도 한껏 귀엽게 만들어봤어요.
강아지와 견주가 커플로 즐길 수 있는 물건이 있다면
산책이 더 즐겁겠죠?

How to make ••• P 88

collar with flower corsage & lead, ring with corsage
with Chihuahua

(산책용 앞치마)

주머니를 만들어서
산책에 필요한 물건을
넣을 수 있어요.
작은 아플리케나
산뜻한 허리끈을 달아
나만을 위한 디자인을
만들어봤어요.

How to make ••• P 90

apron for going out
with Jack Russell Terrier

dog-shaped toy &
bone-shaped toy
with **Wire Fox Terrier**

(강아지 모양 & 뼈다귀 모양 장난감)

강아지가 너무너무 좋아하는
장난감으로 만들어봤습니다.
물고 놀기에 적당한 크기로,
강아지와의 놀이 시간이 더욱 즐거워요.

How to make ★★★ **P 92**

(산책용 숄더백)

반려인의 소지품을 넣는 것은 물론
소형견이 들어갈 정도의 크기로
잠시 외출할 때에 매우 편리해요.
오늘은 어디로 갈까……?

How to make ••• P 94

shoulder bag for going out
with **Yorkshire Terrier**

pillow
with **Toy Poodle**

(쿠션 방석)

강아지가 집에서 쉬는 시간에
사용할 수 있는 쿠션 방석은 어때요?
적당한 높이라 잠자는 데도 딱 좋아요.

How to make ··· **P 97**

mat for dog
with **Wire Fox Terrier**

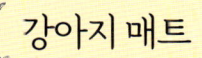

(강아지 매트)

마음껏 쉴 수 있는 특등석을
직접 만들어줘요.
내추럴한 소재로
시원하게 이용할 수 있도록
만들어봤어요.

how to make ··· P 99

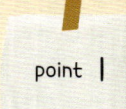

point 1 덧대어 고급스러운 멋을 연출해요

목둘레에 다른 색상의 천을 두르기만 해도 독창적인 옷으로 완성돼요. 강아지 옷 만들기에 처음 도전하는 초보자는 단색으로 비슷한 톤의 색상을 사용하는 것이 무난합니다. 줄무늬와 도트무늬, 줄무늬와 꽃무늬도 색상을 맞추면 참 잘 어울려요.

목과 진동에 갈색 천을 감싸듯이 둘렀어요. 수수한 색 배합이죠.
(* P 12)

목과 진동에 꽃무늬 천을 대담하게 둘렀어요. 줄무늬와 꽃무늬의 조합이 의외로 귀엽죠.
(* P 9)

원 포인트로 멋스럽게 연출해요!

어레인지 컬렉션

point 2 강아지 옷은 등이 중요해요

한 곳에 포인트를 줄 거라면 역시 눈에 잘 띄는 등이 좋겠죠. 시판되는 부자재나 아플리케를 그대로 사용해도 좋고 자투리 천의 예쁜 무늬를 잘라내어 덧대어도 충분히 멋스러워요. 어떤 것으로 멋을 낼지는 옷 분위기에 맞춰 선택하세요.

수예점에서 구입한 두 종류의 꽃을 멋스럽게 배열해봤어요.
(* P 23)

손수건에 있던 꽃무늬를 잘라내어 그대로 아플리케로 사용했어요.
(* P 21)

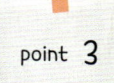 **point 3** 헝겊 조각으로 포인트를 줘요

마음에 쏙 드는 헝겊 조각이나 안 쓰게 된 손수건을 작게 잘라 배합해봤어요. 눈에 잘 띄는 목이나 진동에 덧대기만 해도 개성적인 멋을 한껏 연출할 수 있어요.

견주가 산책할 때 착용하는 앞치마에도 살짝 덧대봤어요. 강아지 옷에 사용하고 남은 천을 사용하면 커플룩을 연출할 수 있어요.
(* P 31)

레이스와 두 종류의 천을 덧댔어요. 또 스티치를 눈에 띄는 색으로 배색해 캐주얼한 분위기를 연출했어요.
(* P 16)

심플한 옷도 살짝 변형만 해도
완전히 다른 이미지로 바꿀 수 있어요.
헝겊 조각으로 만든 아플리케를 덧대거나 자수를 놓거나
목이나 진동에 다른 천을 대는 등
누구나 간단히 할 수 있는 어레인지 방법을 소개합니다.
이미 입고 있는 옷에도 살짝 변형해보세요. 나만의 명품으로 변신할 거예요.

하트 모양으로 자른 플리스를 성기게 덧달기만 해도 이렇게 큐트해요!
(* P 24)

자수로 꽃을 입체적으로 수놓았어요. 칼라나 등에 장식하면 눈에 잘 띄고 참 예뻐요.
(* P 26)

 **point 4** 스티치, 자수로 강조해요

재킷처럼 어른스러운 옷에는 좋아하는 형태로 자른 천을 덧붙여요. 이때 실 색상과 맞추면 통일감을 줄 수 있어요. 자수는 원하는 곳에 놓을 수 있기 때문에 손쉽게 분위기를 바꿀 수 있어 매력적입니다.

기본 스타일을 마스터해보세요~
썩둑썩둑 잘라 탱크톱 만들기

가장 간단히 만들 수 있으면서도 꼭 필요한 것이 탱크톱입니다.
초보자도 쉽게 이해할 수 있도록 사진과 함께 자세히 설명해보았어요.
탱크톱 만드는 방법을 확실히 알아두면
다른 스타일의 옷을 만들 때도 도움이 돼요.

1. 재단하기

앞몸판, 뒷몸판, 목둘레 바이어스, 진동둘레 바이어스×2개, 밑단 바이어스를 준비해요.

2. 한쪽 어깨 연결하기

앞·뒤 몸판의 겉면을 마주대고 완성선에 따라 박음질해요. 시접은 앞몸판 쪽으로 꺾어요.

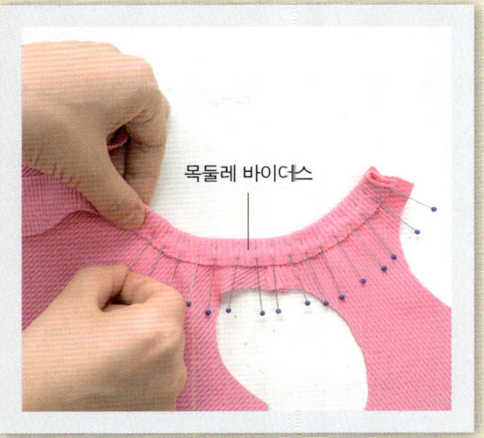

3. 목둘레에 시침핀으로 바이어스 고정하기

목둘레의 겉쪽에 반으로 접은 바이어스를 대고 살짝 당기듯이 시침핀으로 고정해요. 박음질하는 방향에 시침핀을 수직으로 꽂으면 잘 빠지지 않아요.

4. 목둘레에 바이어스 감싸기

시침핀을 빼면서 바이어스(끝에서 약 2~3㎜)를 박음질해요. 둥근 부분은 노루발을 들고 천천히 박음질해요.

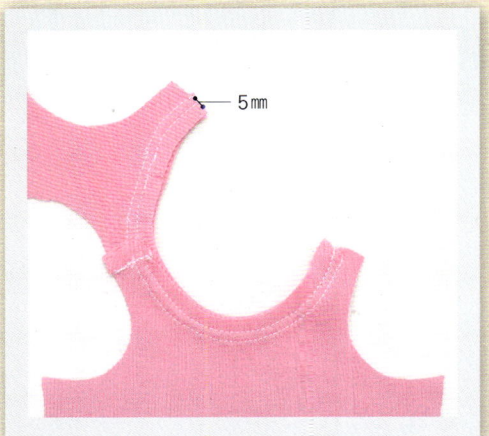

5. 한 줄 더 박음질하기

4의 박음질보다 5㎜ 안쪽에 사진처럼 다시 한 번 평행하게 박음질해요.

6. 여분의 시접 잘라내기

5를 겉면 쪽으로 뒤집고 박음질한 부분 밖으로 나온 앞·뒤 몸판의 시접만을 잘라내요(바이어스는 그냥 남겨둬요). 목둘레에서 3~5㎜ 폭이 좋아요.

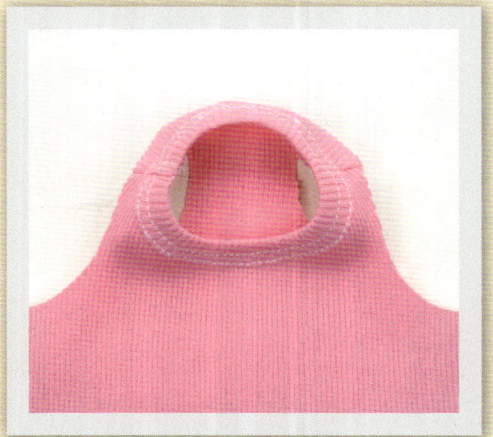

7. 다른 쪽 어깨 연결하기

다른 쪽 어깨도 연결해요(2 참조). 시접은 앞 몸판 쪽으로 꺾고 목둘레 바이어스까지 박음질해요.

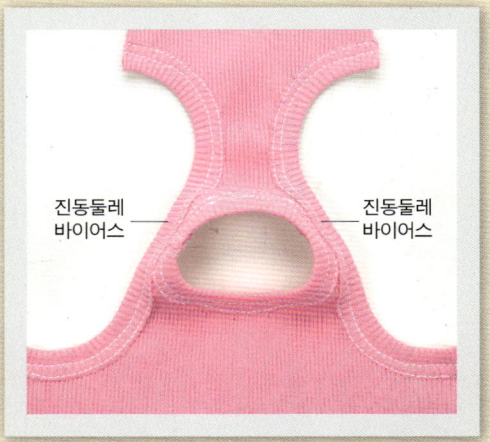

진동둘레 바이어스   진동둘레 바이어스

8. 좌우 진동둘레에 바이어스 대기

진동둘레에 바이어스를 대고 박음질한(3~5 참조) 뒤에 여분의 시접을 잘라내요(6 참조).

9. 한쪽 옆선 연결하기

앞·뒤 몸판의 완성선을 맞추고 박음질한 뒤에 시접을 앞몸판 쪽으로 꺾고 진동둘레 바이어스 폭까지 시접을 눌러 박아요 (7 참조).

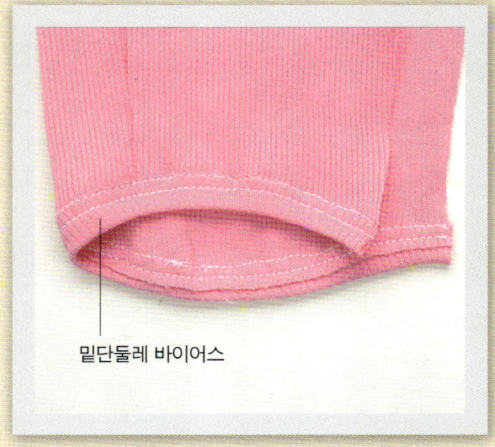

밑단둘레 바이어스

10. 밑단에 바이어스를 두르고 다른 쪽 옆선 연결하기

밑단에 바이어스를 대고 박음질한 뒤(3~6 참조) 나머지 옆선을 연결해요(9 참조).

내 강아지가 좋아할 원단을 선택해요

'기분 좋은 옷을 입고 싶다.' 이것은 내 강아지도 똑같아요.
그래서 소중한 강아지에게 입혀도 안심이 되는 소재를 소개합니다.
알레르기가 있는 강아지도 있으니 소재를 선택할 때는 충분히 주의해주세요.

원단 소개

*( ) 안의 숫자는 41쪽 사진의 번호예요.

스웨트(12)

습기나 땀 흡수성이 좋고, 운동성, 방한성이 뛰어나요. 안감이 고리 형태로 되어 있는 타월지를 권해요.

히코리(7)

도톰한 면지. 옷 하나로도 캐주얼한 분위기를 충분히 연출할 수 있어요.

린넨(4, 5)

마 100%. 세탁하면 할수록 부드러워지기 때문에 강아지 옷으로 만들기에 안성맞춤입니다. 내추럴한 질감 연출에도 좋아요.

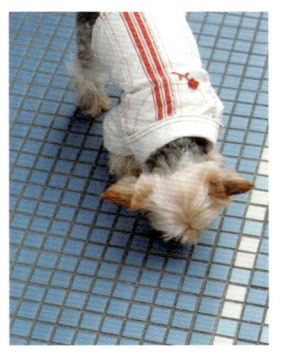

커트 앤드 소운 (8, 9, 13)

신축성이나 흡수성, 착용감이 좋아 강아지 옷으로 가장 적합해요.(재단되어 봉제된 니트웨어의 총칭이기도 해요).

코튼(2, 3, 6, 10, 11)

목면 100%. 옷뿐만 아니라 소품까지 활용도가 가장 높은 천연소재예요.

리브 니트(1)

커트 앤드 소운의 일종으로 신축성이 좋아 소맷단이나 안단으로 즐겨 사용해요.

트위드(15)

모직의 일종. 보습성과 패션성이 좋아 멋진 추동복으로 적합해요.

플리스(14)

부드럽고 보온성이 뛰어날 뿐 아니라 다루기에도 쉬워 수제품에 적합해요.

◉ 마와 목면은 먼저 세탁해요

재단하기 전에 세탁 후 수축이나 형태가 틀어지는 것을 막기 위해 미리 원단을 세탁해요. 손세탁 → 건조 → 다림질 → 재단, 이것이 기본적인 순서예요.

◉ 실은 튼튼한 것을 선택해요

튼튼한 폴리에스테르 계열의 실을 일반적으로 사용해요. 거즈처럼 얇은 천에는 #90, 커트 앤드 소운이나 마, 데님에는 #60, 강도를 높이고 싶을 때는 #30을 사용하는 것이 좋아요. 실의 색상은 원단에 어울리는 것을 선택하는 것이 기본이지만 대조적인 색상을 사용하여 스티치해도 멋스러워요.

 내 강아지의 사이즈를 알아봐요

강아지가 옷을 입을 때 가장 중요한 것은 몸에 잘 맞아 활동적이고 쾌적해야 한다는 것입니다.

여기서는 강아지 옷을 만들기 위해 바르게 사이즈를 측정하는 방법에 대해 설명했습니다.

- A 목둘레
- B 가슴둘레
- C 허리둘레
- D 등 길이
- E 앞 몸길이
- F 앞다리 간격
- ★ 수컷만 필요(생식기)

측정 포인트

* 얼굴은 정면을 향하고(고개를 숙이거나 위를 보지 않도록 한다)
* 반드시 그림 같은 자세로 세우고
* 신체 부위를 정확히 측정해요(여유분을 잡지 않는다).
* E, ★의 측정법은 특히 중요해요!

 **옷을 만들 때마다 사이즈를 확인하세요**

이전 측정해두었던 사이즈로 만들면 옷이 몸에 맞지 않을지도 몰라요. 특히 가슴둘레나 허리둘레는 쉽게 변하는 부위라서 옷이 늘어지거나 꽉 끼는 원인이 됩니다. 따라서 옷을 만들 때마다 매번 사이즈를 다시 재는 게 좋습니다.

 **모델견의 체격을 참고로 선택하세요**

이 책에서는 모델견의 체격에 어울리는 옷을 제안하고 있습니다. 내 강아지와 비슷한 체격의 모델견이 착용한 옷이나 옷을 선택할 때의 포인트(P 51)를 확인하고 나서 만드는 게 좋아요.

정확한 사이즈는 강아지도 행복하게 해요~

같은 견종이라도 개체에 따라 체형이나 사이즈가 달라 몸통둘레나 길이, 다리 위치가 제각기 다릅니다. 내 강아지가 기분 좋게 입을 수 있는 옷을 만들기 위해서는 제일 먼저 정확히 치수 재는 것부터 해야 해요. 익숙해질 때까지는 같은 부위를 세 번 정도 반복하여 측정하는 것이 좋습니다.

내 강아지의 사진을 남겨보아요~

● 내 강아지의 사이즈를 적어 보세요.

A	B	C	D	E	F	★
cm	cm	cm	cm	cm	cm	cm

모델 강아지들

옷이나 소품을 멋지게 혹은 귀엽게 착용한 모델견의 각각의 특징과 사이즈를 소개합니다.
체형이나 사이즈가 비슷한 견종도 함께 소개했으니, 어떤 옷을 만들지 선택할 때 참고해주세요.

치와와

P 20 **레이스 캐미솔**,
P 22 **플라워 코르사주 원피스**

치와와는 동그랗고 큰 눈동자가 특히 사랑스럽습니다. 어여쁜 옷을 소녀처럼 연출했어요.

비슷한 견종
요크셔테리어, 포메라니안, 마르티즈 (소형)

＊ 히나짱　＊ 암컷

A	B	C	D	E	F	★
16 cm	23.5 cm	20.5 cm	22 cm	13 cm	5 cm	

프렌치 불독

P 12 **레슬러 탱크톱**,
P 16 **보더 파카**

빙그레 웃는 얼굴로 마음껏 달리는 모습은 행복 에너지로 가득합니다. 밝고 편안한 색상의 캐주얼이 잘 어울려요.

비슷한 견종
보스턴 테리어, 퍼그, 불독(소형)

＊ 안즈짱(왼쪽 크림)
＊ 가린짱(오른쪽 얼룩)
＊ 암컷

A	B	C	D	E	F	★
38 cm	51 cm	41 cm	29 cm	17 cm	11 cm	

토이 푸들

P 11 **도트무늬 티셔츠**,
P 23 **깅엄 체크 원피스**

때때로 보이는 장난스러운 표정이 인상적인 아이입니다. 볼륨감이 있는 털 때문에 심플한 디자인의 옷도 잘 어울려요.

비슷한 견종
포메라니안, 시츄, 요크셔테리어

＊ 사콘짱　＊ 수컷

A	B	C	D	E	F	★
20.5 cm	39 cm	27 cm	30 cm	20 cm	6 cm	14 cm

슈나우저

P 8 **줄무늬×도트무늬 티셔츠**,
P 28 **트위드 코트**

사려 깊고 온후한 눈빛이 따스하게 느껴져요. 점잖은 색상의 털을 가져 언제나 당당해 보여요.

비슷한 견종
미니어처 피처, 카발리어 킹 찰스 스패니얼, 와이어 폭스 테리어

＊ 나츠짱　＊ 암컷

A	B	C	D	E	F	★
26 cm	45 cm	36 cm	33 cm	17 cm	6 cm	

와이어 폭스 테리어

* 듀카짱   * 암컷

P 19 십자가 모티브 파카 베스트,
P 24 블리딩 재킷

멋진 인테리어를 한 집 만큼이나 멋진 모습의 아이입니다. 시크한 분위기의 옷을 훌륭히 소화해주었어요.

비슷한 견종
미니어처 슈나우저, 아메리칸 코커스 패니얼(소형)

A	B	C	D	E	F	★
30 cm	49 cm	40 cm	30 cm	15 cm	5 cm	

빠삐용

* 리루짱   * 암컷

P 10 플라워 티셔츠,
P 21 레이스 캐미솔

언제나 한 팀이 되어 작업하고 있어요. 로맨틱한 분위기의 옷을 우아하게 겉출해주는 아이입니다.

비슷한 견종
토이 푸들, 치와와, 포메라니안

A	B	C	D	E	F	★
17 cm	29 cm	22 cm	23 cm	14 cm	6 cm	

잭 러셀 테리어

* 리모짱   * 암컷

P 14 스웨트 파카,
P 28 트위트 코트

활달한 여자 아이로 사람을 잘 따르고 특히 간식을 너무 좋아해요. 수수한 색상의 옷에 포인트를 준 독특한 디자인이 잘 어울려요.

비슷한 견종
비글, 미니어처 불테리어, 시바이누 (소형)

A	B	C	D	E	F	★
24 cm	41 cm	32 cm	28 cm	16 cm	7 cm	

미니어처 닥스훈트

* 맥스짱   * 수컷

P 13 플라워 모티브 탱크톱,
P 18 십자가 모티브 파카 베스트

개구쟁이 같은 표정이 너무 귀여워 아이의 스타일을 잘 살리는 탱크톱이나 파카를 추천해요.

비슷한 견종
스탠다드 닥스훈트, 카닌헨 닥스훈트 (모두 소형)

A	B	C	D	E	F	★
21 cm	34 cm	24 cm	28 cm	18 cm	5 cm	12 cm

요크셔테리어

* 코코짱   * 암컷   * 사라짱   * 암컷

P 9 줄무늬×꽃무늬 T셔츠, P 26 블리딩 재킷

촬영할 때 언제나 진지한 코코짱과 천진난만한 사라짱! 원피스가 잘 어울려요.

비슷한 견종
치와와, 시츄, 페키니즈, 토이 푸들(소형)

A	B	C	D	E	F	★
20 cm	29 cm	25 cm	22 cm	13 cm	6 cm	

 # 사이즈를 조정해요

우선 사이즈표를 비교하세요.

이 책에서 소개한 옷들의 사이즈는 모델견에 맞춘 것이니 내 강아지의 사이즈와 비교하여 다른 부분은 고칠 필요가 있습니다.
먼저 표에 각각의 차이를 기록하고 고칠 장소와 길이를 꼭 체크해야 합니다.
패턴을 고친 뒤에 내 강아지의 사이즈에 맞는지 확인한 후 본격적으로 만들기 시작하면 됩니다.

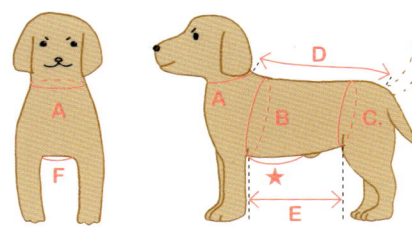

	A	B	C	D	E	F	★
만들고 싶은 옷	cm	cm	cm	cm	cm	cm	cm
내 강아지 사이즈	cm	cm	cm	cm	cm	cm	cm
차이	cm	cm	cm	cm	cm	cm	cm

* 패턴을 고친 경우에는 옷감의 치수도 고쳐야 해요. 그래서 사용할 원단이나 재료의 길이, 개수가 달라지기 때문에 주의하세요.

잘라서 벌리는 방법
(크게 늘릴 때)

마분지 위에 자른 옷본을 얹고 테이프로 고정한 뒤 자연스럽게 선을 이어 그려요.

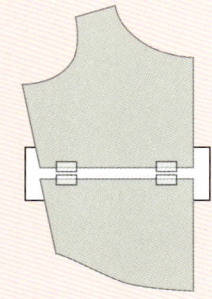

접어 줄이는 방법
(작게 줄일 때)

마분지 위에 자른 옷본을 겹쳐 테이프로 고정한 뒤 자연스럽게 선을 이어 그려요.

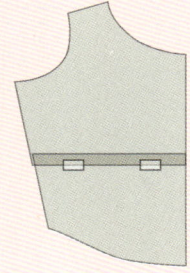

목둘레(A) 조절하기

* 칼라나 후드가 있는 경우에는 몸판 치수에 맞춰 고쳐야 해요.

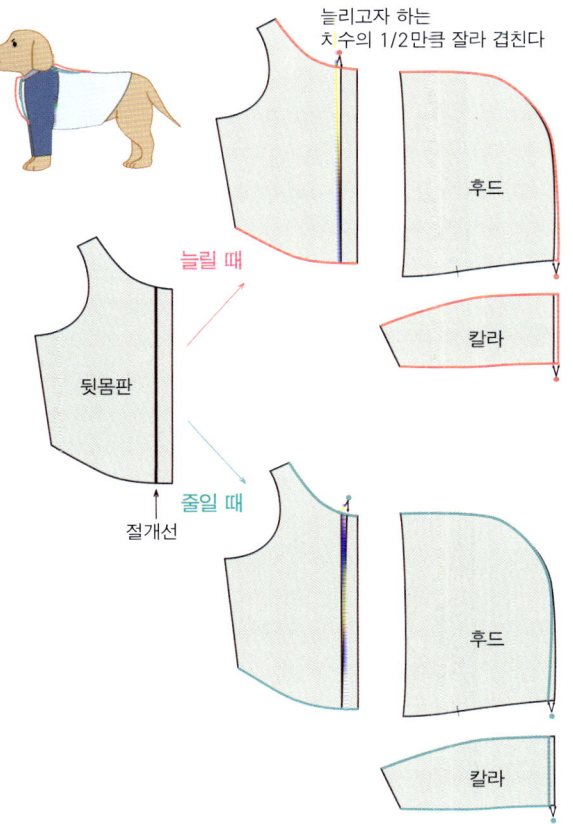

앞 몸길이(E) 조절하기

* ★ 사이즈를 이용하여 암컷용의 옷본을 수컷용으로 변경할 수도 있어요. 앞중심선에서 2cm 짧게 하면 돼요.

앞판의 앞중심선 길이를 조절하고, 옆선을 고쳐 뒤판까지 연결해요.

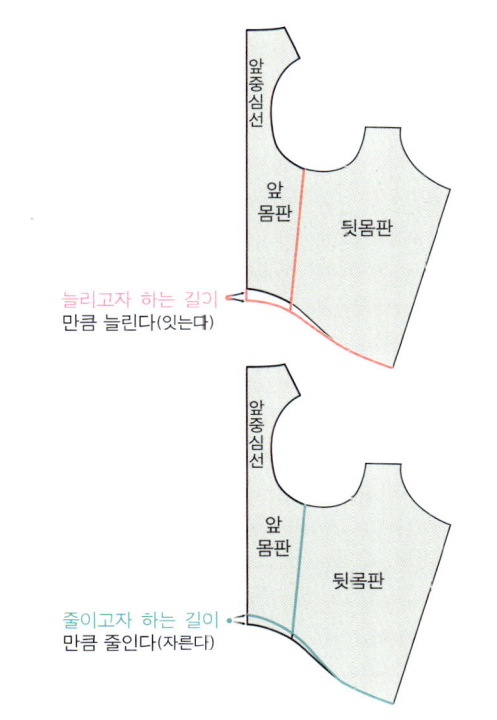

등길이(D) 조절하기

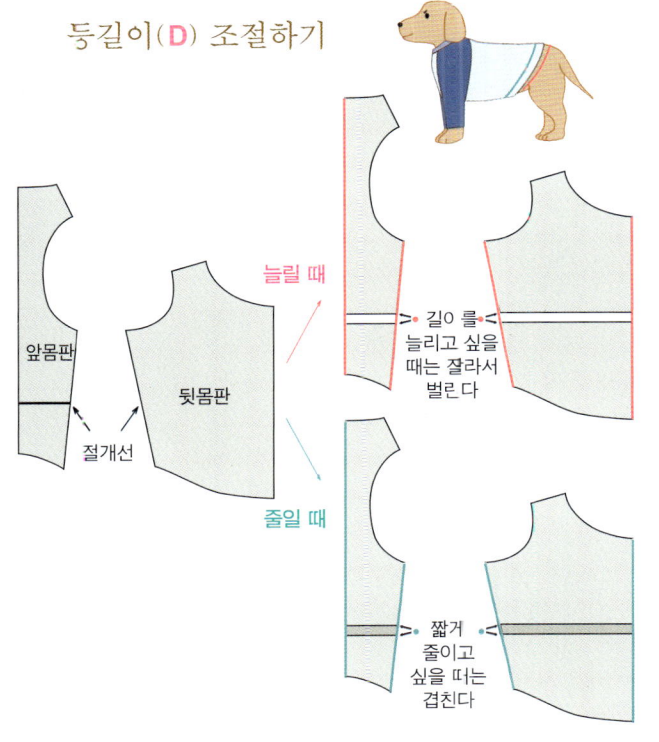

다리의 위치(F) 조절하기

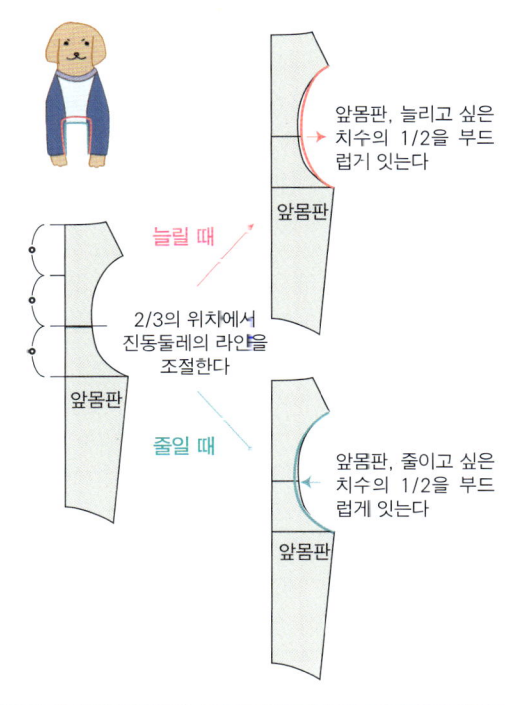

49

가슴둘레(B), 허리둘레(C) 조절하기

* B와 C는 같이 줄여야 하는 경우가 많아요.

소매가 있는 옷의 경우, 가슴둘레(B)를 조절했다면 거기에 맞춰 진동둘레 치수를 고쳐야 해요.
*소매산의 변경 치수(☆)는 앞

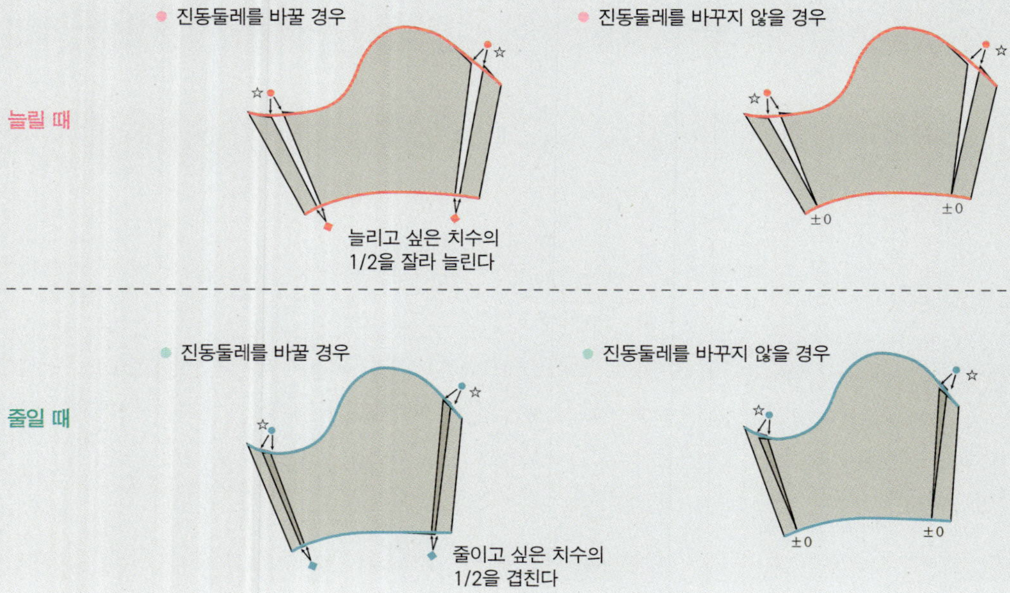

옷 만들기의 기초
사이즈나 형태, 옷 선택할 때의 주의점

하반신의 길이가 포인트

치수 중에서도 특히 중요한 것은 E와 ★예요. 성별에 따른 옷을 만들 때 가장 중요한 포인트입니다.

어깨끈이 흘러내리지 않도록

캐미솔이나 원피스의 어깨끈은 흘러내리거나 꽉 조이지 않도록 맨 마지막에 달아요. 내 강아지의 몸에 맞춰 길이를 결정한 뒤에 달면 돼요.

적당히 여유롭게

강아지가 기분 좋게 움직일 수 있도록 적당히 여유롭게 만들어요. 너무 크면 활동성이 떨어지고 너무 작으면 답답해 합니다.

소매는 팔이 쉽게 빠지지 않게

다리가 짧거나 가는 강아지는 소매에서 팔이 빠지기 쉬운 만큼 내 강아지의 체형에 맞춰서 패턴을 조절해요.

더위에 약한 강아지는 주의해야

프렌치 불독 같은 견종은 체온 조절이 어려워요. 특히 여름에는 체온이 상승하기 때문에 탱크톱을 물에 적셔 입히면 좋아요.

체중이나 체형만 고려하지 마세요

같은 견종이라도 개체에 따라 체형이 달라요. 따라서 체중이 같고 체형이 비슷해 보여도 정확히 사이즈를 재는 것이 좋아요.

내 강아지에게 어울리는 옷을 골라요

체형이나 몸의 크기, 털색이나 길이에 따라서 어울리는 옷은 제각기 다릅니다.
여기서는 내 강아지의 특징에 맞게 옷을 선택하는 포인트에 대하여 소개하니 '어떤 옷이 예쁠까?' 강아지와 즐거운 대화를 나누면서 내 강아지에게 어울리는 옷을 골라보세요.

1 몸이 작다
(치와와, 빠삐용, 토이 푸들 등)

볼륨감 있는 소녀다운 옷

몸집이 작거나 털이 긴 강아지에게는 심플한 옷보다 볼륨감 있는 실루엣의 여성스러운 옷이 사랑스럽습니다.

추천 옷 레이스 캐미솔(P 20), 각종 원피스(P 22, 23), 코르사주 목줄과 리드(P 30)

2 몸통이 굵고 가슴팍이 넓다
(프렌치 불독, 퍼그, 웰시코기 등)

개성적이고 캐주얼한 밝은 색상의 옷 GOOD!

늠름한 체형과 사랑스러운 캐릭터를 살린 코믹한 옷이 잘 어울려요. 볼륨감 없는 적당히 몸에 붙는 옷을 추천합니다.

추천 옷 레슬러 탱크톱(P 12), 각종 파카(P 14, 16), 십자가 모티브 파카 베스트(P 18)

3 몸통이 길다
(닥스훈트, 웰시코기 등)

등을 강조하여 멋스럽게!

옷감 한 장으로 만드는 게 아니라 다른 색상의 옷감으로 아플리케나 코르사주를 만들어 달아 포인트를 줘요. 허리 부근에 달면 한층 멋스러운 스타일을 연출할 수 있어요.

추천 옷 플라워 모티브 탱크톱(P 13), 십자가 모티브 파카 베스트(P 18), 플라워 코르사주 원피스(P 22)

4 다리가 가늘고 길다
(와이어 폭스 테리어, 잭 러셀 테리어, 미니어처 슈나우저 등)

긴 소매 옷으로 맵시나게

가늘고 긴 다리를 가진 강아지에게는 긴 소매 옷이 잘 어울려요. 수수한 분위기를 연출하면 어른스러운 멋을 낼 수 있어요.

추천 옷 티셔츠(P 8~11), 블리딩 재킷(P 24), 트위드 코트(P 28)

5 털색이 진하다
(미니어처 슈나우저, 미니어처 닥스훈트, 요크셔테리어 등)

털색을 한층 돋보이게 하는 강하거나 밝은 색상으로

또렷한 색상의 옷이 무거워 보일 수 있는 인상을 한결 가볍게 해요. 무채색을 기본색으로 한다면 포인트 컬러로 선명한 색상을 사용하세요.

추천 옷 줄무늬×도트무늬 티셔츠(P 8), 블리딩 재킷(P 24), 트위드 코드(P 28)

6 짧은 털
(치와와, 불독, 닥스훈트 등)

보디라인이 돋보이도록 몸에 붙는 옷으로

볼륨감 있는 옷이나 단추가 달린 옷을 입혀요. 몸에 착 붙는 리브 니트나 커트 앤드 소운 소재의 옷을 입히면 아름답고 멋지게 연출할 수 있습니다.

추천 옷 각종 티셔츠(P 8~11), 각종 탱크톱(P 12~13), 레이스 캐미솔(P 20)

만드는 사람의 실력에 맞춰서……

처음 만들어요
이 책은 난이도 순으로 옷을 소개하고 있으니 처음 강아지 옷 만들기에 도전하는 분은 먼저 기본적인 탱크톱(P 38)을 만들어보세요. 코르사주 목줄과 리드(P 30)나 산책용 앞치마(P 33) 같은 소품도 공정이 비교적 간단해서 추천합니다.

재봉틀 없이 손으로 만들고 싶어요
옷은 꿰맬 데가 많을 뿐만 아니라 단단히 꿰맬 필요가 있어 재봉틀이 꼭 필요해요. 아직 재봉틀이 없는 사람은 비교적 꿰매는 공정이 적은 장난감(P 32)이라면 쉽게 도전할 수 있습니다. 쿠션 방석(P 34)도 사용하는 옷감의 종류를 줄이면 얼마든지 손바느질로 만들 수 있어요.

만든 경험이 몇 번 있어요
만드는 방법을 보고 할 수 있는 것부터 도전해보세요. 익숙해지면 코르사주나 아플리케를 달아 내 강아지를 위한 나만의 디자인으로 옷을 만들어보세요.

내 강아지를 위한 옷본을 만들어요

내 강아지의 사이즈를 재고 어떤 옷을 만들지 정했다면, 이제 본격적으로 만들어요. 먼저 중요한 옷본 만들기부터 시작해요. 부록의 실물 크기 옷본을 사용하여 P 46에 기록한 사이즈와의 차이를 근거로 사이즈를 조절하면서 만들면 됩니다.

1 반대쪽 어깨 연결하기

실물 크기 옷본을 펼쳐서 사용할 패턴을 확인해요. 사이즈를 조정하고 (P 46) 사용할 옷본에 마커로 선을 그려 넣어요.

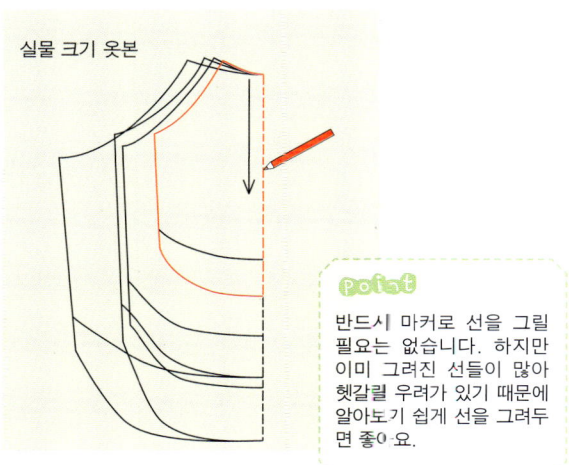

Point
반드시 마커로 선을 그릴 필요는 없습니다. 하지만 이미 그려진 선들이 많아 헷갈릴 우려가 있기 때문에 알아보기 쉽게 선을 그려두면 좋아요.

2 패턴 용지에 옮겨 그리기

1 위에 패턴 용지를 올리고 테이프로 고정해요. 1에 마커로 그린 선, 맞춰야 할 지점이나 식서 방향, 단추나 주머니 위치도 잊지 말고 표시해요.

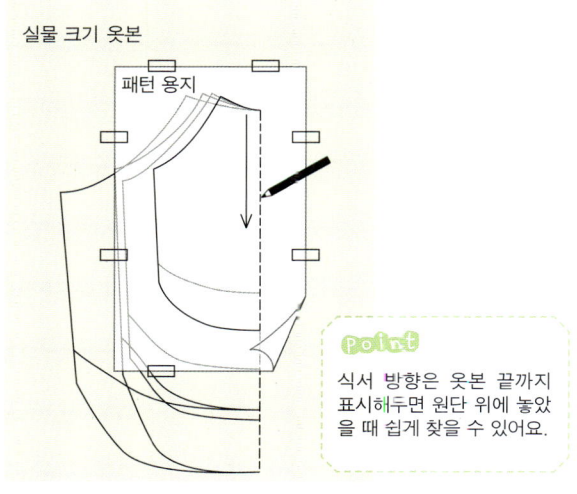

Point
식서 방향은 옷본 끝까지 표시해두면 원단 위에 놓았을 때 쉽게 찾을 수 있어요.

3 시접 두기와 자르기

패턴 용지를 옷본에서 벗겨내고 만드는 방법이 실린 페이지의 '옷본 배치도'를 참조하여 시접을 두세요. 그리고 선대로 자르세요.

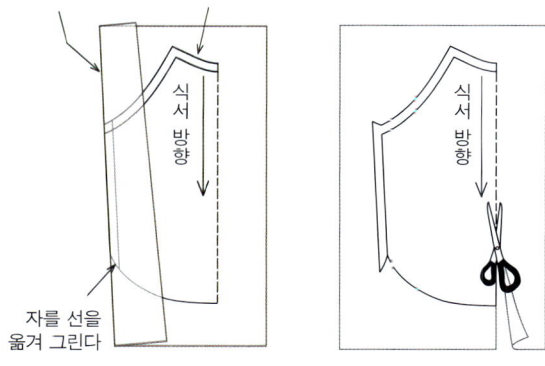

Point
시접을 두고 방안자를 사용하여 평행하게 재단선을 그려요. 그리고 상하좌우가 명확하도록 '앞', '뒤', '소매'라고 적은 견출지를 붙여 두면 편리해요.

옷본의 각에 주의하세요

소맷부리의 시접을 옷본에 그릴 때는 각에 주의해야 해요. 곧장 내리 긋게 되면 연결할 때 시접이 부족하니 옷본을 접어서 양쪽이 벌어지는 형태로 그려주세요.

1 소맷부리의 시접을 접어 올리고 자른다.

2 그림과 같은 형태가 포인트

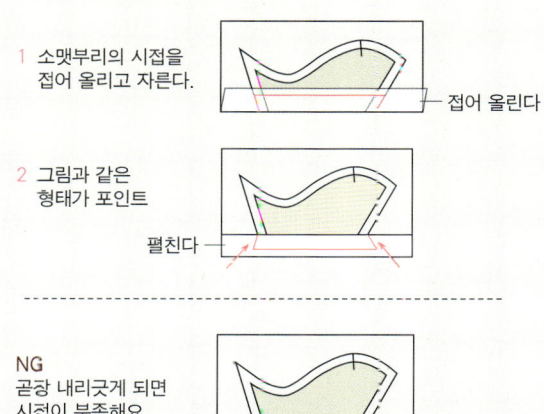

NG
곧장 내리긋게 되면 시접이 부족해요.

실물 크기의 옷본이 없는 경우

앞치마나 강아지 매트처럼 패턴이 직선으로 이루어진 것은 실물 크기 옷본에 게재하지 않았습니다. 만드는 방법과 완성도를 P 99에 소개했으니 직접 옷본을 만들거나 원단에 직접 그려서 사용해주세요. 여기서는 그 순서를 살펴볼게요.

재단하는 방법과 치수, 제도하기

패턴 용지에 직접 선을 긋고 시접을 두고 재단해요. 처음에 중심, 밑단 처럼 식서 방향이거나 수직하는 선부터 그려가요(①~⑤ 순서대로 선을 긋는다).

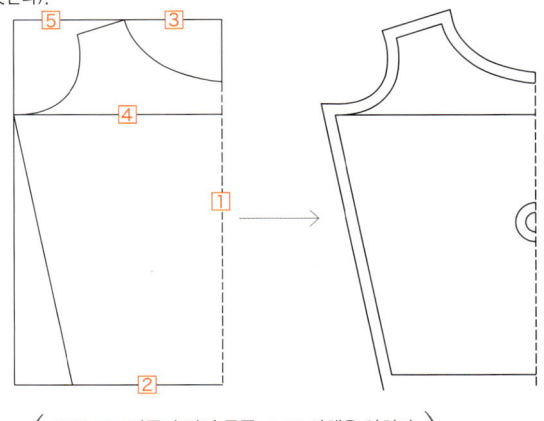

(P 30 코르사주가 달린 목줄, P 31 산책용 앞치마,
P 34 쿠션 방석, P 35 강아지 매트)

옷본 없이 원단에 직접 그리기

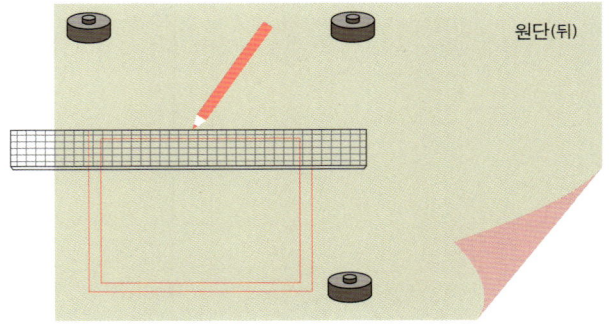

직선뿐인 심플한 패턴의 경우에는 원단 뒤에 직접 그리는 것이 간단해 요. 원단이 움직이지 않도록 무거운 것으로 누르고 초크 펜슬과 방안자 를 사용하여 곧게 선을 그려요.

옷본에 관한 기호나 용어

옷본이나 만드는 방법에 등장하는 다양한 용어나 기호에 대해 설명해요.

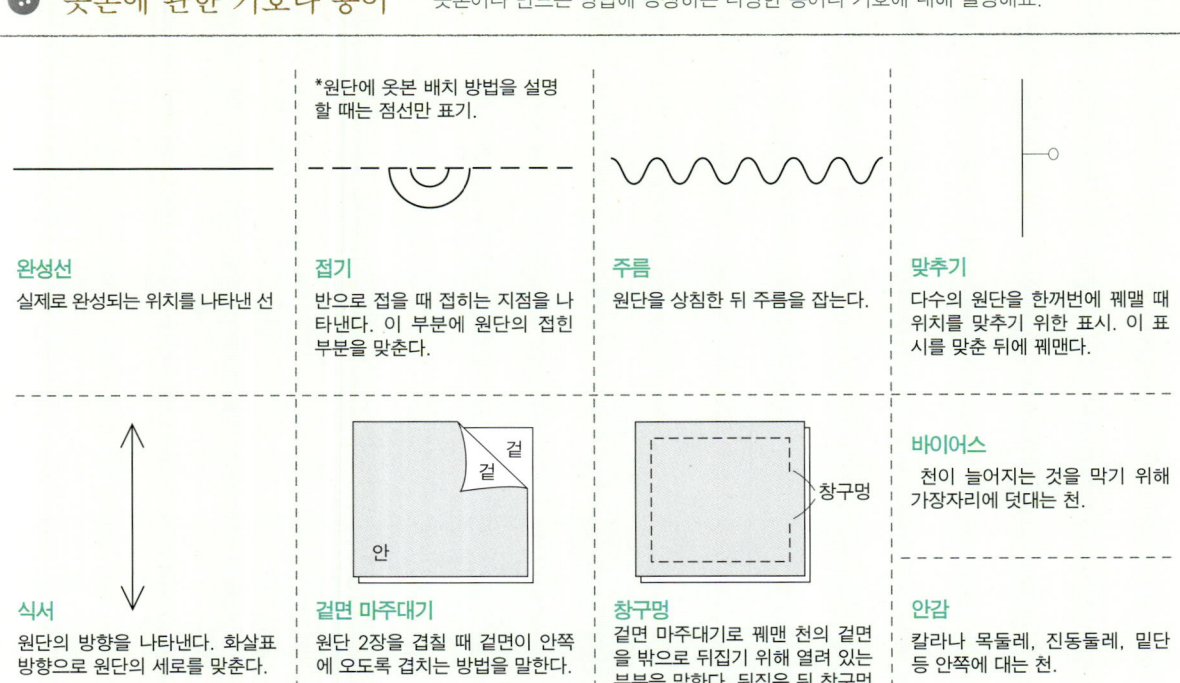

도구가 필요해요

치수 재기와 옷본 만들기

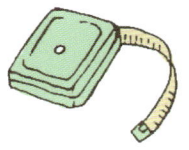

줄자
내 강아지의 사이즈를 재는 게 꼭 필요해요(P 44).

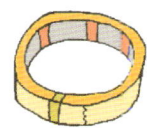

테이프
패턴 용지를 옷본 위에 고정할 때 사용해요(P 48 ②).

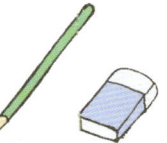

연필과 지우개
패턴 용지게 옷본을 옮겨 그릴 때 필요해요(P 48 ②).

가위
일반 가위로도 충분해요. 옷본을 자를 때에 사용해요 (P 48 ③).

마커
실물 크기 옷본을 패턴에 옮겨 그릴 때 편리해요. 필요한 선을 따라 그려놓으면 쉽게 옮길 수 있어요 (P 48 ①).

패턴 용지
아래에 선이 훤히 비추는 얇은 타입 중 큰 것을 선택하세요. 기름종이를 사용할 수도 있지만 방안 눈금이 그려져 있는 것이 사용하기 편해요(P 44 ②).

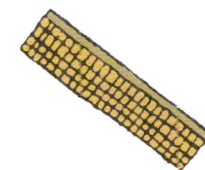

방안자
방안 눈금이 그려져 있어서 직선을 깔끔하게 옮겨 그리거나 평행선을 그리는데 유용해요. 길이는 50센티미터 정도의 것을 준비하세요 (P 48 ②, ③).

원단에 패턴 옮겨 그리기, 재단하기

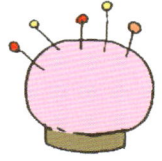

시 침핀과 쿠션
자른 옷본을 원단에 고정할 때 사용해요(P 51 ③). 많은 양을 준비해두면 편리해요.

재단용 가위
원단용 가위. 가위의 날을 보호하기 위해 용지를 자르는 가위와 다른 것을 준비하세요.

초크 페이퍼
옷본의 표시를 원단에 옮겨 그릴 때에 옷본과 원단 사이에 끼워서 사용해요. 수예용품점에서 구입할 수 있어요.

룰렛
초크 페이퍼를 끼운 상태로 종이 위에서 굴리면 원단에 옷본의 선을 옮길 수 있어요.

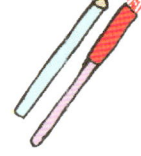

초크펜
포인트가 되는 표시를 원단에 표시할 때 사용하면 편해요. 세탁하면 색이 빠지는 수성용 펜이 좋아요.

꿰매기

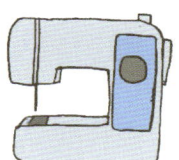

재봉틀
지그재그 박음질이 가능한 것을 선택해요.

재봉틀 바늘
보통 사용하는 11번을 준비해요. 재봉틀의 종류에 따라 번호가 달라질 수 있어요.

다리미와 다리미판
시접 처리나 바이어스를 접거나 옷의 형태를 완성할 때 사용해요. 자주 사용하면 깔끔하게 완성할 수 있어요.

쪽가위
실을 자를 때 사용해요. 이 책에 소개한 옷과 소품에는 세밀한 부분이 닿아 꼭 준비해주세요.

바늘
감침질이나 단추를 달 때 사용해요.

*그 외에 아이템에 따라서 끈이나 송곳, 접착심 등이 필요해요.

원단을 재단할 준비를 해요

P 48 '내 강아지를 위한 옷본 만들기'에서 각 부위의 옷본을 만들었다면 그 모양에 맞춰 원단을 재단합니다. 원단에 어떻게 옷본을 놓고 어떻게 자를 것인지 주의해야 할 포인트를 순서대로 설명했습니다.

1 원단 겉면 마주대기

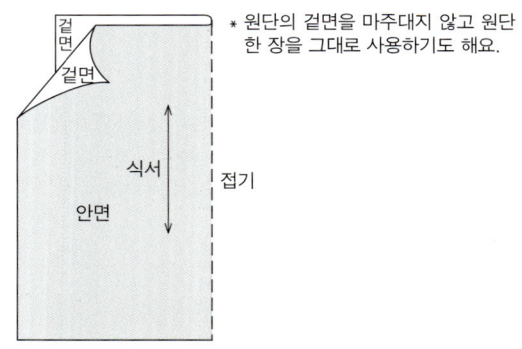

* 원단의 겉면을 마주대지 않고 원단 한 장을 그대로 사용하기도 해요.

2 잘라낸 옷본 배치하기

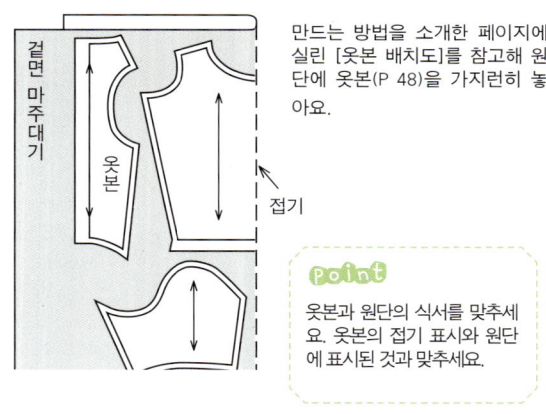

만드는 방법을 소개한 페이지에 실린 [옷본 배치도]를 참고해 원단에 옷본(P 48)을 가지런히 놓아요.

Point
옷본과 원단의 식서를 맞추세요. 옷본의 접기 표시와 원단에 표시된 것과 맞추세요.

3 시침핀 꽂기

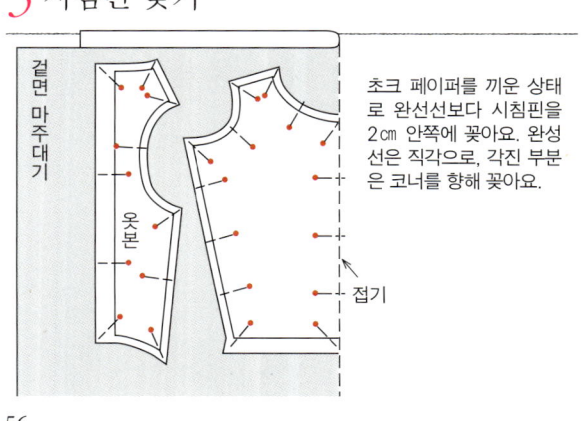

초크 페이퍼를 끼운 상태로 완선선보다 시침핀을 2cm 안쪽에 꽂아요. 완성선은 직각으로, 각진 부분은 코너를 향해 꽂아요.

4 재단하기

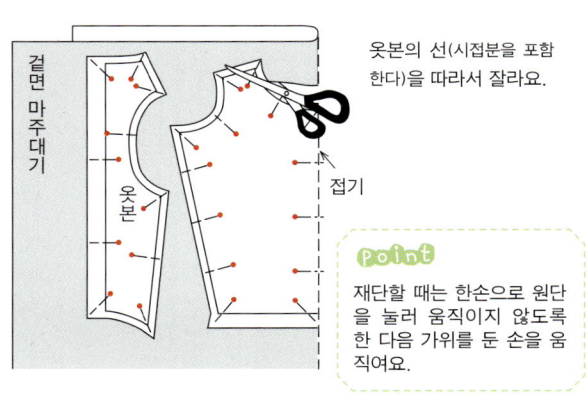

옷본의 선(시접분을 포함한다)을 따라서 잘라요.

Point
재단할 때는 한손으로 원단을 눌러 움직이지 않도록 한 다음 가위를 둔 손을 움직여요.

5 원단 겉면 밖으로 뒤집어 표시하기

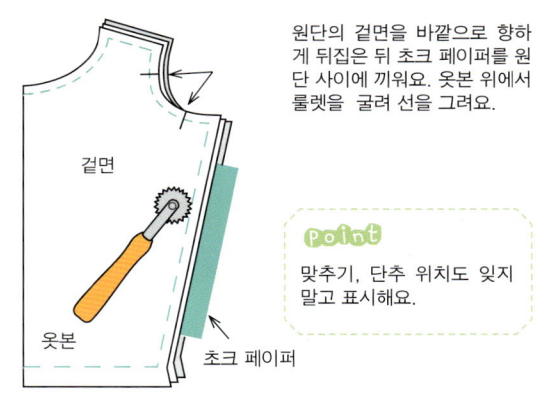

원단의 겉면을 바깥으로 향하게 뒤집은 뒤 초크 페이퍼를 원단 사이에 끼워요. 옷본 위에서 룰렛을 굴려 선을 그려요.

Point
맞추기, 단추 위치도 잊지 말고 표시해요.

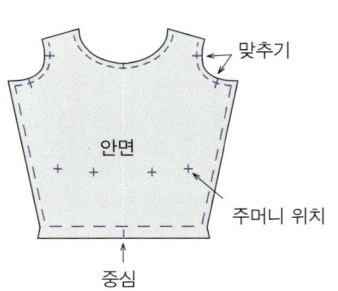

시침핀을 빼고 옷본과 초크 페이퍼를 벗겨내면 원단 안면에 표시가 되어 있어요.

바느질의 기본을 마스터해요

옷을 만들 때 필요한 기초 테크닉을 소개합니다.
각 아이템을 만드는 방법을 자세히 소개한 페이지에 공정이 링크되어 있어서 필요할 때마다 확인할 수 있어요.

재봉틀 박기 - 깔끔하게 박기 위한 포인트 체크

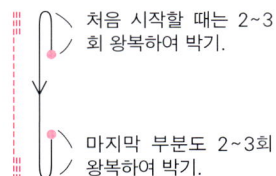
처음 시작할 때는 2~3회 왕복하여 박기.
마지막 부분도 2~3회 왕복하여 박기.

되돌려박기
실이 빠지지 않도록 시작과 끝은 왕복해서 박아요.

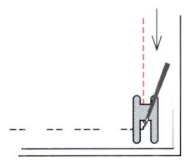
각진 부분은 바늘을 꽂은 채로 노루발을 올린다.

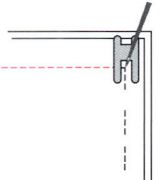
꿰맬 방향으로 천을 회전시키고 노루발을 내린 뒤에 다시 박는다.

귀퉁이 박기
깔끔한 직각으로 꿰매기 위하여 원단의 방향을 바꿔요.

시접 처리 - 원단의 올풀림을 막기 위한 방법

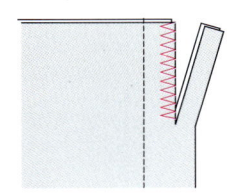

오버로크 또는 지그재그 박음질
재봉틀에 오버로크 또는 지그재그 박음질 기능을 사용해요. 시접 끝을 자르면서 두 장을 함께 박아요.

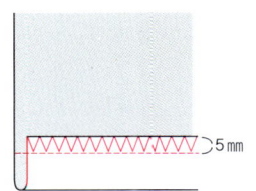

접어박기
단을 오버로크한 다음에 박음질 해요.

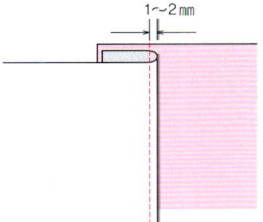

한쪽으로 꺾기
단을 오버로크한 다음에 한쪽으로 꺾고 박음질로 솔기를 눌러요.

감침질 - 소맷단이나 밑단을 접어 넣기 위한 방법

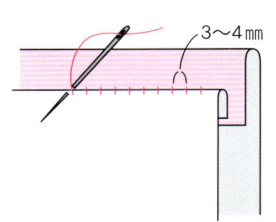

세워서 감침질
시접을 접어 넣고 직각으로 실을 통과시켜요. 바늘땀이 눈에 잘 띄지 않고 튼튼하게 꿰맬 수 있어요.

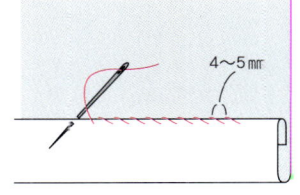

비스듬히 감침질
시접을 접어 넣고 비스듬하게 실을 통과시켜요. 장식스티치나 마무리감침질로 사용해요.

🔘 주름 잡기 - 소맷단이나 밑단을 접어 넣기 위한 방법

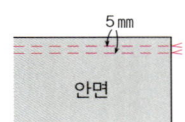 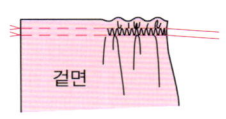 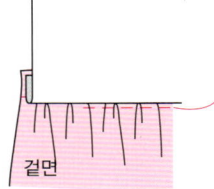

① 윗실을 강하게 하고 바늘땀 간격을 듬성듬성 조절하여 완성선의 위아래에 5㎜ 폭으로 스티치해요.
* 보통 시침질하는 것보다 좀 더 바늘땀을 작게 꿰매요.

② 겉면에 나온 두 가닥의 실을 함께 당겨 지정한 길이로 줄여요.

③ 다른 천을 댄 뒤에 완성선보다 안쪽에 있는 스티치만을 제거해요.

🔘 바이어스테이프 만들어 감싸기 - 바이어스는 식서와 45도 기울어진 방향의 것을 말해요. 늘어나기 쉬운 소맷부리나 목둘레에 테이프를 둘러 마무리해요.

〔만드는 법〕

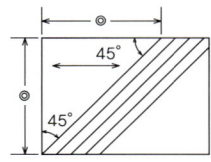 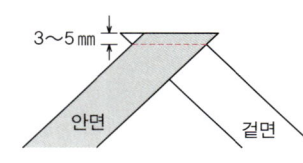 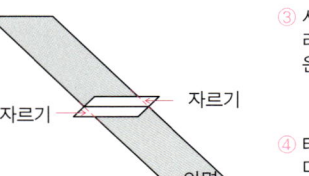

① 식서와 45도가 되도록 선을 긋고 원단을 재단해요.
* 테이프의 폭은 옷 만드는 방법을 소개한 페이지를 참조해주세요.

② 잘라낸 테이프 겉면을 마주대고 끝에서 3~5㎜의 위치에서 박음질해요.

③ 시접을 가름솔로 처리하고 여분의 시접은 잘라내요.

④ 테이프메이커나 다리미로 1/4의 두께로 접어요.

〔사용하는 법〕

▷ 단 처리에 사용해요(안으로 접어박기)

 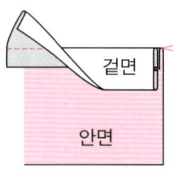 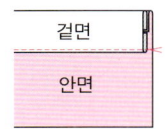

① 바이어스테이프와 원단의 겉면을 마주 대고 박음질해요.

② 완성선 위치에서 테이프째 박음질한 뒤 안쪽으로 꺾어요.

③ 테이프 끝을 눌러 박아요.

▷ 파이핑으로 사용해요(옷의 둥근 부분에 테이프 감싸기)

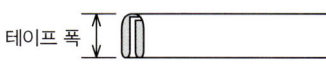

① 테이프 폭에 맞춰 4번 접어요.

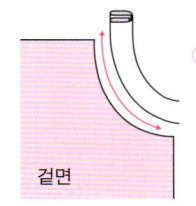 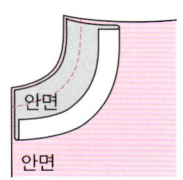 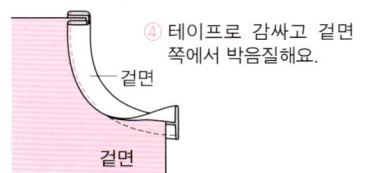

② 둥근 부분을 따라 다리미로 늘려 모양을 만들어요.

③ 안쪽에 박음질해요.

④ 테이프로 감싸고 겉면쪽에서 박음질해요.

🔘 단추 달기 - 이 책에서 소개하는 옷에 사용하는 단추는 어디까지나 장식용이라서 단추 구멍은 필요 없어요. 따라서 여러 번 바늘로 꿰어 달면 돼요.

단추 기둥

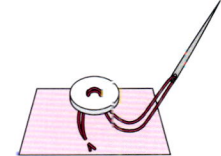
① 실 두 가닥을 바늘에 꿰어, 단추 위치에서 한 땀을 뜬 뒤 그대로 단추 구멍에 바늘을 통과시켜 달기 시작해요.

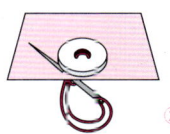
② 3~4호 실을 통과시키고 단추에 가려진 위치에서 마무리해요(장식용이라 단추 기둥은 만들지 않아도 돼요).

🔘 스냅단추 달기 - 겹쳐지는 부분에는 위쪽에 수단추를, 아래쪽에 암단추를 달아요.

① 단추 위치에 한 땀 떠 그대로 스냅단추의 구멍을 통과해요.

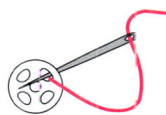
② 구멍 바깥쪽 끝에 바늘을 넣어 1과 같은 구멍으로 바늘을 빼내요.

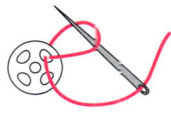
③ 실로 고리를 만들어 그 안쪽으로 바늘을 집어넣고 당겨요.

④ ①~③을 한 구멍에 세 번 정도 반복해요.

⑤ 모든 구멍에 같은 방법으로 꿰매고 스냅단추 아래에 매듭지어요.

⑥ 스냅단추 아래로 바늘을 통과시킨 뒤 실을 잘라요.

🔘 단추 구멍 만들기 - 이 책에서는 후드 끈을 통과시키는 용도로 사용해요(P 16, 17 각종 파카, P 18, 19 플라워 모티브 파카 베스트). 재봉틀에 따라서는 저절로 단추 구멍이 만들어지기도 해요.

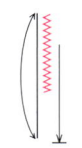
① 지그재그 박음질(오가는 폭 2㎜)

② 바늘땀 0에서 다섯 바늘(오가는 폭 4㎜)

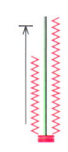
③ ①과 같아요.

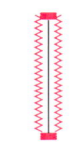
④ ②와 같아요. 실을 잘라요.

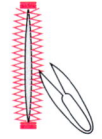
⑤ 간츠를 꿰는 위치에 시침핀을 꽂아 고정시키고 칼이나 쪽가위로 구멍을 만들어요.

How to make **combination T-shirt**

● 줄무늬×도트무늬 티셔츠 (P 8 미니어처 슈나우저 착용)
● 줄무늬×플라워 티셔츠 (P 9 요크셔테리어 착용)

실물 크기 옷본 **1-A**

[재료]

● 줄무늬×도트무늬 티셔츠

카트 앤 소운(줄무늬)
  앞·뒤 몸판, 소매 90㎝×40㎝
도트무늬 원단
  목둘레 바이어스, 소맷단 바이어스, 30㎝×30㎝
면 컬러테이프(폭 1.5㎝) 약 20㎝
스냅단추 1개

● 줄무늬×플라워 티셔츠

카트 앤 소운(줄무늬)
  앞·뒤 몸통, 소매 60㎝×30㎝
꽃무늬 원단
  목둘레 바이어스, 소맷단 바이어스 35㎝×15㎝
면 컬러테이프(폭 1.5㎝) 약 15㎝

[재단하는 법]   * 시접은 모두 1㎝(별도의 표시가 있는 부분은 제외)

줄무늬×도트무늬 티셔츠

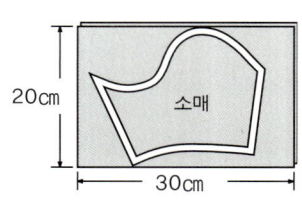
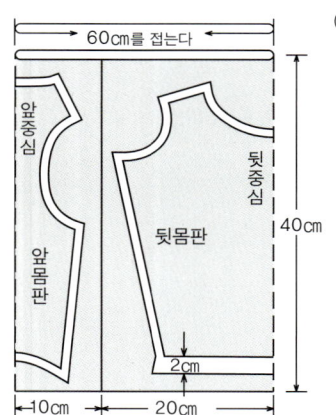

소매, 소매는 20㎝×30㎝로 자른 원단의 겉면을 마주대고 재단해요

(도트무늬 원단)

뒷목둘레 바이어스

줄무늬×플라워 티셔츠

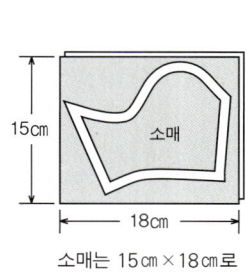
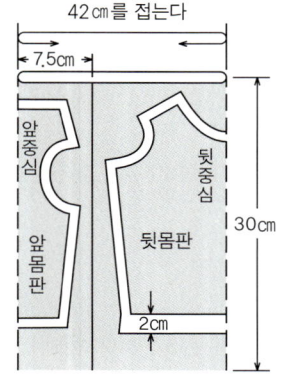

소매는 15㎝×18㎝로 자른 원단의 겉면을 마주대고 재단해요

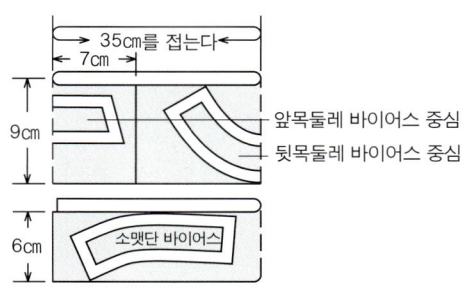

앞목둘레 바이어스 중심
뒷목둘레 바이어스 중심

[만드는 법]   * 시접은 모두 오버로크 또는 지그재그 박음질로 처리해요.

1 앞·뒤 몸판에 목둘레 바이어스와 소맷단 바이어스 연결하기

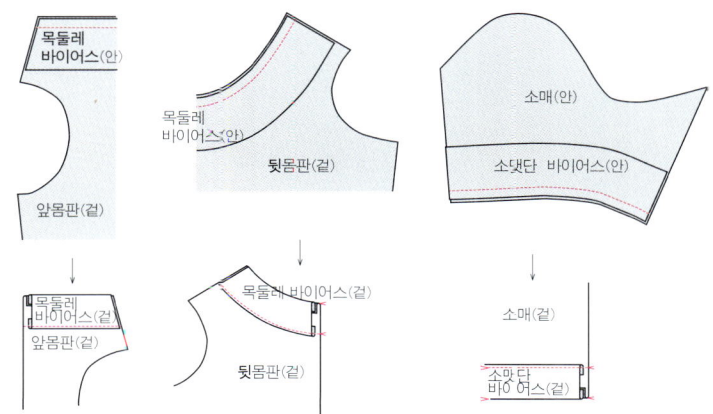

2 왼쪽 어깨에 컬러테이프 달기

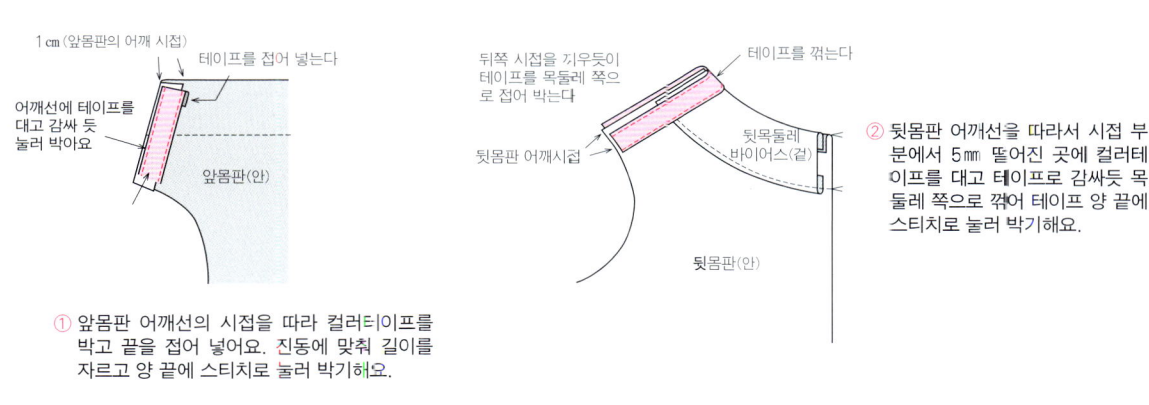

① 앞몸판 어깨선의 시접을 따라 컬러테이프를 박고 끝을 접어 넣어요. 진동에 맞춰 길이를 자르고 양 끝에 스티치로 눌러 박기해요.

② 뒷몸판 어깨선을 따라서 시접 부분에서 5㎜ 떨어진 곳에 컬러테이프를 대고 테이프로 감싸듯 목둘레 쪽으로 꺾어 테이프 양 끝에 스티치로 눌러 박기해요.

3 오른쪽 어깨 연결하기 (P 38 ② 참조)

시접은 앞몸판 쪽으로 꺾어 스티치로 눌러 박아요.

4 앞·뒤 몸판에 소매 달기

앞몸판 진동과 앞소매 진동, 뒷몸판 진동고· 뒷소매 진동의 겉면을 마주대고 시침질하여 고정해요. 다른 쪽도 같은 방법으로 연결해요.

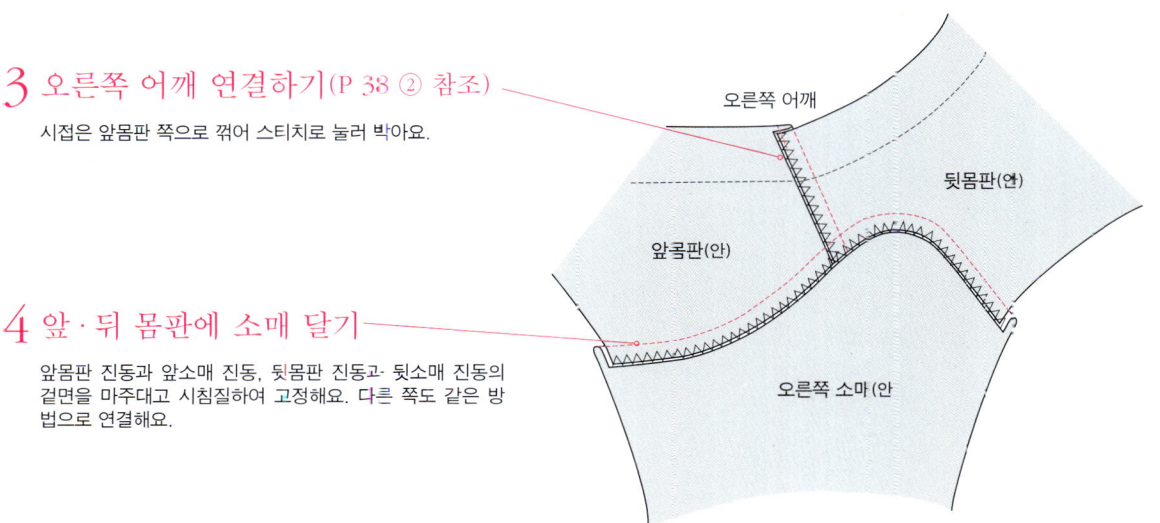

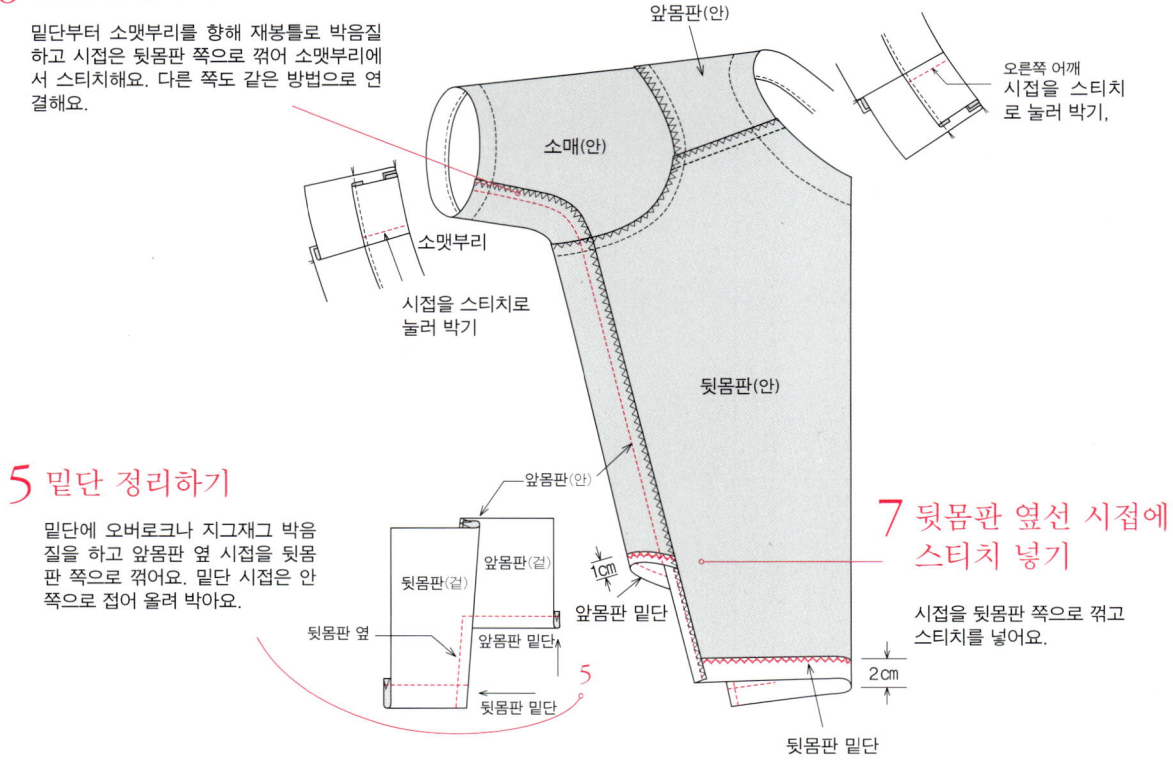

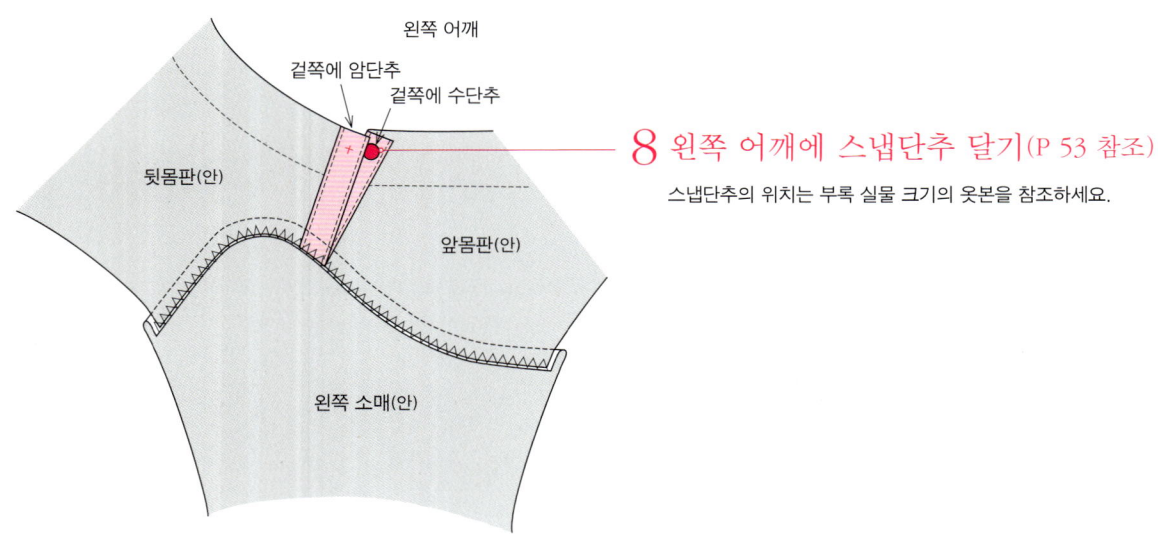

How to make **printed** T-shirt

● 플라워 티셔츠 (P 10 배용 착용)
● 도트무늬 티셔츠 (P 11 토이 푸들 착용)

스쿨 크기 옷본 1-A

[재료]

카트 앤 소운(꽃무늬)(도트무늬)
앞·뒤 몸판, 칼라, 소매 60㎝×35㎝

[만드는 법]

* 시접은 모두 앞몸판 쪽으로 꺾고 오버로크나 지그재그 박음질로 마무리해요.

[재단하는 법]   * 시접은 모두 1㎝(특별히 지정한 곳은 제외).

카트 앤 소운(꽃무늬)(도트무늬)

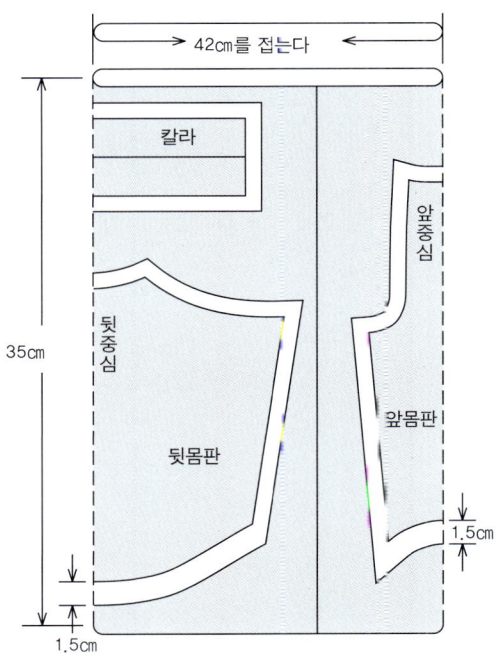

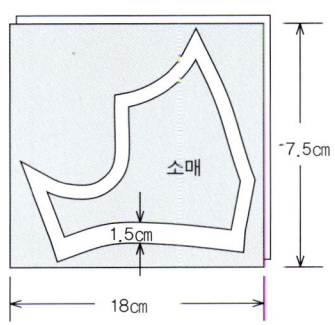

소매는 17.5㎝×18㎝로 자른 원단의
겉면을 마주대고 재단해요.

1 소맷부리에 오버로크(지그재그 박음질) 하기

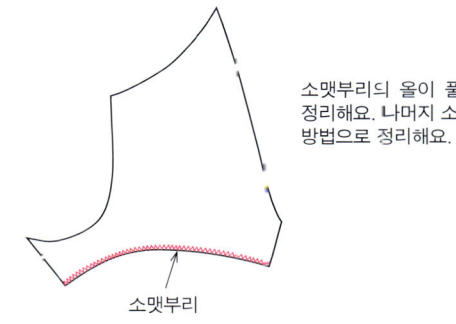

소맷부리의 올이 풀리지 않도록 정리해요. 나머지 소매도 같은 방법으로 정리해요.

2 소맷단 접어 박기

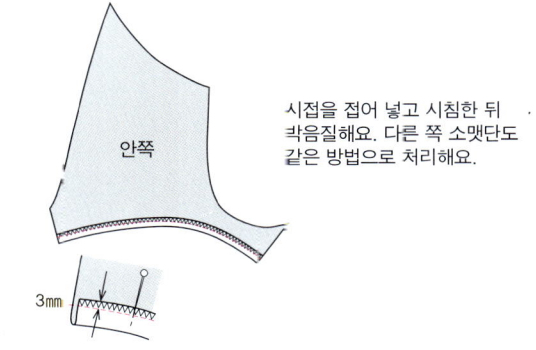

시접을 접어 넣고 시침한 뒤 박음질해요. 다른 쪽 소맷단도 같은 방법으로 처리해요.

3 뒷몸판과 소매 연결하기

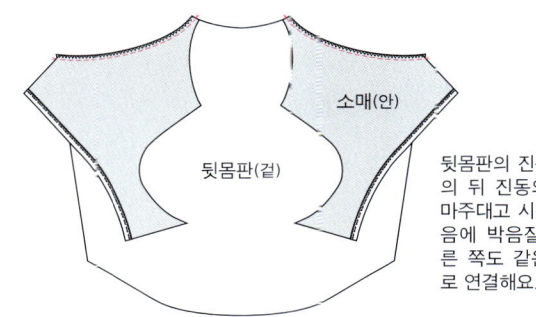

뒷몸판의 진동과 소매의 뒤 진동의 겉면을 마주대고 시침질한 다음에 박음질해요. 다른 쪽도 같은 방법으로 연결해요.

● 좌우 소매가 바뀌지 않도록 주의하세요

4 앞몸판과 소매 연결하기

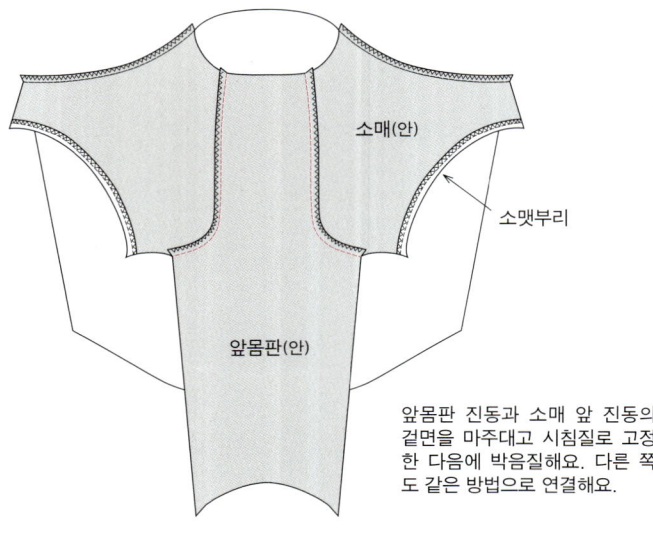

앞몸판 진동과 소매 앞 진동의 겉면을 마주대고 시침질로 고정한 다음에 박음질해요. 다른 쪽도 같은 방법으로 연결해요.

5 칼라 만들기

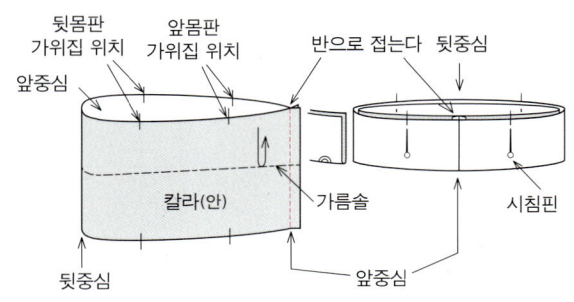

긴 쪽의 변을 겉면이 마주하도록 접어 끝을 꿰매 원통형으로 만들어요. 솔기는 가름솔로 가르고 반으로 접어요. 맞추기 표시에 시침핀을 꽂아둬요.

6 몸통에 칼라 달기

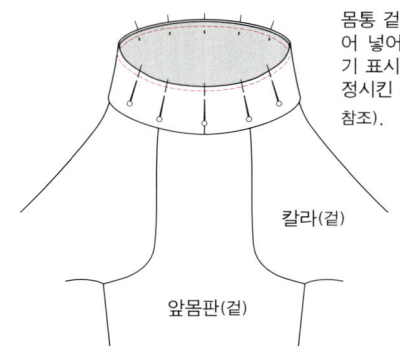

몸통 겉면에 칼라를 원형으로 접어 넣어요. 천을 당기면서 맞추기 표시를 맞추고 시침질하여 고정시킨 뒤에 박음질해요(P.61 ④ 참조).

7 옆선 연결하기

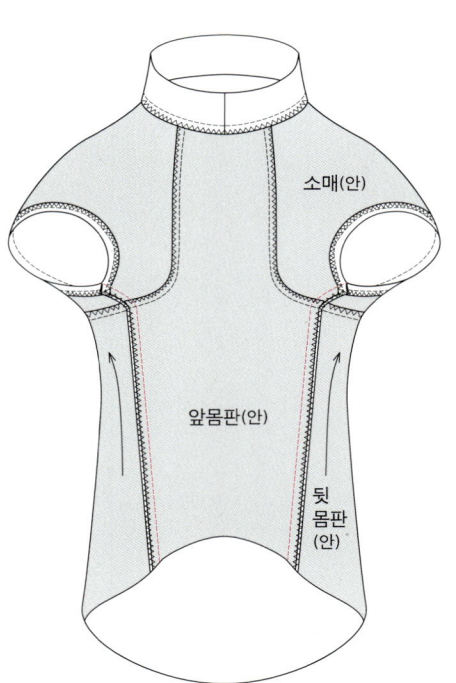

밑단부터 소맷부리를 향해 박음질하고 몸통과 소매를 연결할 때 생긴 솔기는 소매 쪽으로 꺾어 박아요. 다른 쪽도 똑같은 방법으로 연결하세요.

8 소맷부리 시접은 스트치로 눌러 박기

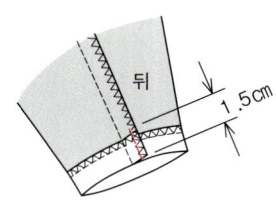

소매의 시접을 뒷몸판 쪽으로 꺾고 스티치하세요. 다른 쪽도 같은 방법으로 하면 돼요.

9 밑단 처리하기

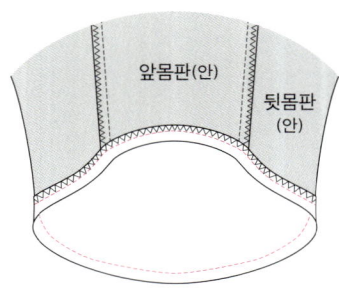

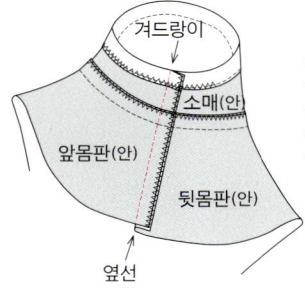

밑단에 오버로크나 지그재그 박음질로 처리하고 옆선의 솔기는 뒷몸판 쪽으로 꺾어요. 밑단 시접은 접어 올려 박음질해요.

How to make wrestler tank-top

● 레슬러 탱크톱(→12 프렌치 불독 착용)

실물 크기 옷본 1-B

[재료]
카트 앤 소운(단색)
　　앞·뒤 몸판 60㎝×40㎝
카트 앤 소운(다른 색상 단색, 세로 방향 폭 4㎝)
　　바이어스 193.5㎝
마음에 드는 헝겊조각(5~6색)
　　아플리케 약간
아플리케용 접착심 약간

[재단하는 법]
* 시접은 모두 1㎝.
* 바이어스는 2㎝씩 절반으로 접어요.
(목둘레 : 42.5㎝×1개, 밑단둘레 : 47㎝×1개,
진동둘레 : 52㎝×2개)

카트 앤드 소운(무지)

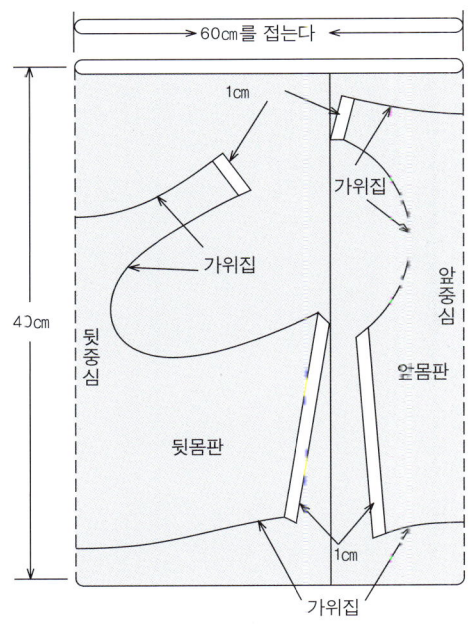

카트 앤 소운(다른 색상, 단색)

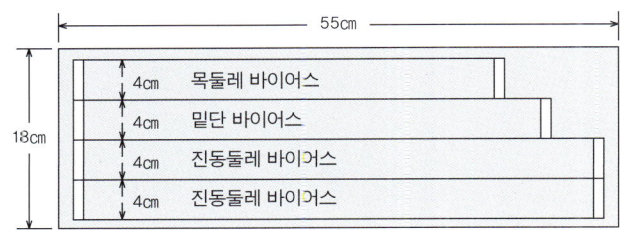

[만드는 법] * 시접은 모두 오버로크나 지그재그 박음질로 마무리해요.

1 아플리케 만들기

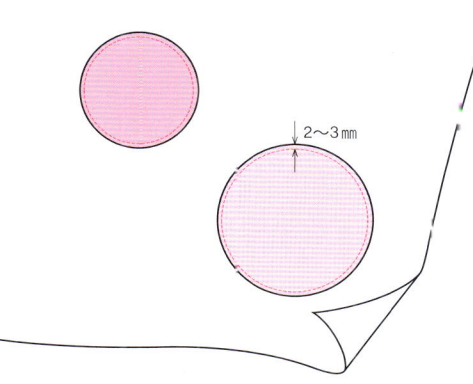

① 재단할 모양보다 큰 원단(안)에 아플리케용 접착심을 붙여요.
② ①의 안쪽에 재단한 모양을 뒤집어 완성선을 옮겨 그리고 재단해요.
③ 박음질 해요.

2 몸통에 아플리케 달기
앞·뒤 몸판이 각기 박음질해 달아요.
아플리케의 위치는 부록의 실물 크기 옷본을 참조하세요.

3 한쪽 어깨 연결하기(P 38 ② 참조).

4 목둘레어 바이어스 대기(P 39 ④, ⑤ 참조).

5 다른 쪽 어깨 연결하기(P 40 ⑦ 참조).

6 좌우 진동둘레에 바이어스 대기(P 40 ⑧ 참조).

7 한쪽 옆선 연결하기(P 40 ⑨ 참조).

8 밑단에 바이어스 달기(P 40 ⑩ 참조).

9 다른 쪽 옆선 연결하기(P 40 ⑨ 참조).

How to make tank-top with flower motif

● 플라워 모티브 탱크톱 (P 13 미니어처 닥스훈트 착용)

실물 크기 옷본 1-B

[재료]
코튼 스웨트지(바탕)
　　앞·뒤 몸판 50㎝×32㎝
리브지(세로방향 폭 3.5㎝)
　　바이어스 110㎝
카트 앤드 소운 (3색)
　　아플리케 약간
아플리케용 접착심 약간

[만드는 법] * 시접은 모두 오버로크나 지그재그 박음질로 마무리해요.

1 아플리케 만들기

[재단하는 법] * 시접은 모두 1㎝. * 바이어스는 절반으로 접어요.
(목둘레 : 27㎝×1개, 진동둘레 : 23.5㎝×2개, 밑단둘레 : 43㎝×1개)

코튼 스웨트지(바탕)

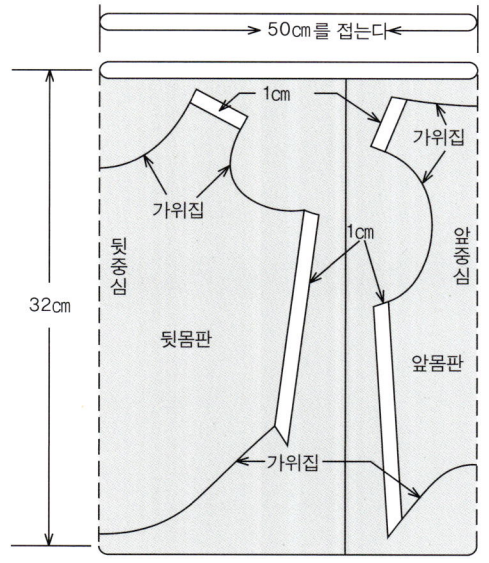

① 잘라낸 모양보다 조금 큰 원단(안)에 아플리케용 접착심을 붙여요.
② ①의 안쪽에 잘라낸 모양을 뒤집어서 완성선을 옮겨 그리고 잘라내요.
③ B 위에 A를 얹고 박음질해요.
④ C 위에 ③을 얹고 박음질해요.

리브지

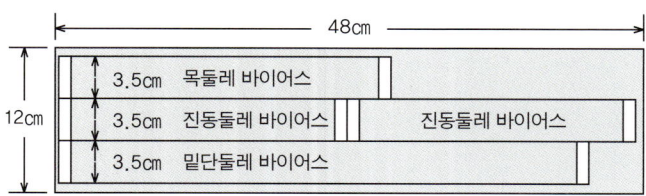

2 뒷몸판에 아플리케 달기
뒷몸판에 아플리케를 얹고 박음질해요.

3 한쪽 어깨 연결하기(P 38 ② 참조).

4 목둘레에 바이어스 대기(P 38 ③, P 39 ⑤ 참조).

5 다른 쪽 어깨 연결하기(P 39 ⑦ 참조).

6 좌우 진동둘레에 바이어스 대기(P 40 ⑧ 참조).

7 한쪽 옆선 연결하기(P 40 ⑨ 참조).

8 밑단에 바이어스 달기(P 40 ⑩ 참조).

9 다른 쪽 옆선 연결하기(P 40 ⑨ 참조).

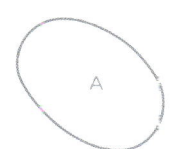

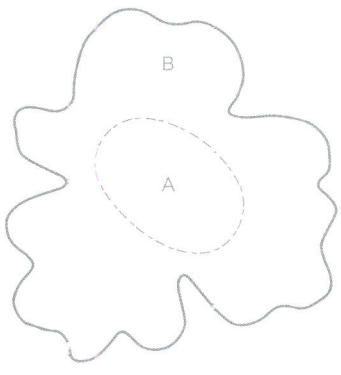

실둘 크기

How to make sweat parka & border parka

● 스웨트 파카 (P 14 잭 러셀 테리어 착용)
● 보더 파카 (P 16 프렌치 불독 착용)

실물 크기 옷본: 스웨드 파카 1-B   보더 파카 2-A

[재료]

● 스웨트 파카
스웨트지(파일직물)
　앞·뒤 몸판, 후드(겉감), 주머니, 소매 90㎝×50㎝
카트 앤드 소운(꽃무늬)
　후드(안감) 40㎝×30㎝
리브 니트지
　소맷단, 밑단 40㎝×20㎝
면끈(직경 4~5㎜) 약 60㎝

● 보더 파카
스웨트(파일직물)
　앞·뒤 몸판, 후드(겉감), 주머니, 소매,
　소맷단, 밑단 110㎝×50㎝
카트 앤 소운(보더)
　후드(안감) 50㎝×30㎝
면끈(직경 4~5㎜) 약 80㎝
천 조각, 레이스 등 아플리케 약간

[재단하는 법]   * 시접은 모두 1㎝.

스웨트 파카
스웨트지(파일직물)

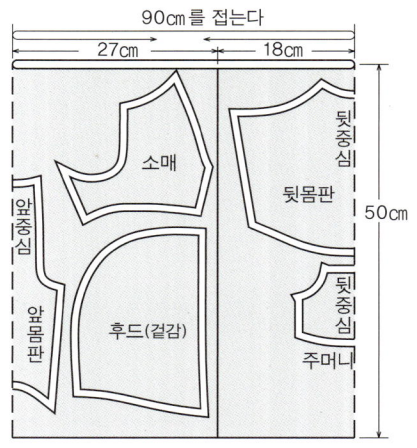

보더 파카
스웨트지(파일직물)

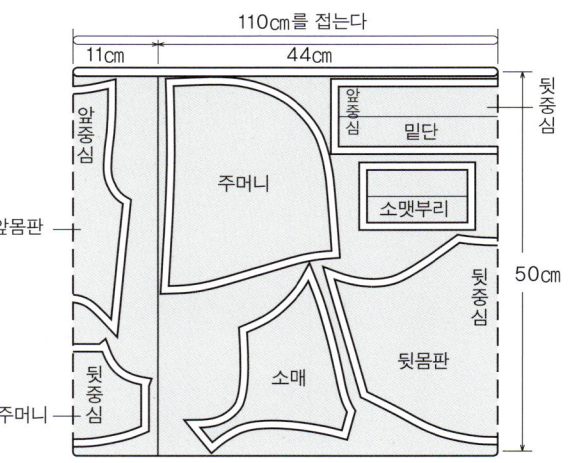

리브 니트지

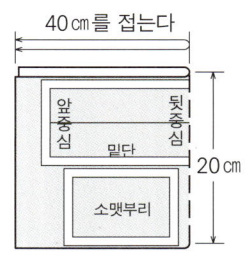

카트 엔드 소운(꽃무늬)

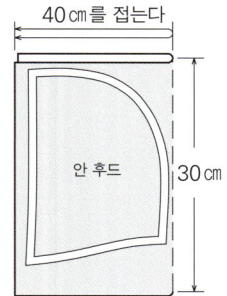

카트 앤드 소운(보더)

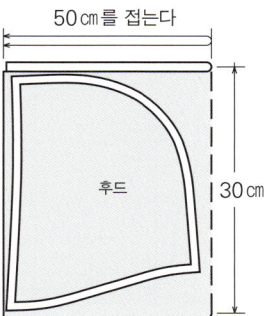

[만드는 법] * 시접은 모두 오버로크나 지그재그 박음질로 마무리해요.

1 안감 있는 후드 만들기

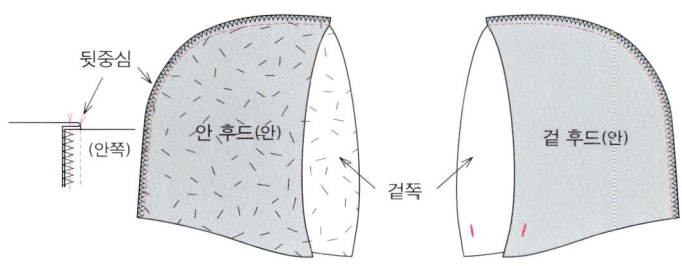

① 스웨트지와 카트 앤드 소운을 각각 겉면을 맞대고 뒷중심을 박아요. 솔기는 한쪽으로 꺾고 스티치로 눌러 박아요.

② 후드 겉감에 면끈을 집어넣을 구멍 (단추 구멍)을 만들어요(P.53 참조)

2 후드의 창구멍 공그르기

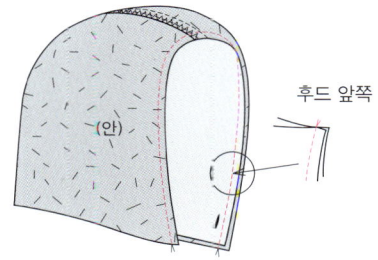

그림처럼 후드 겉감과 안감의 겉면을 마주대고 후드 앞쪽을 박음질해요.

3 면끈 통과시키기

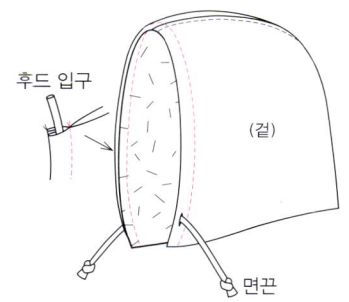

겉면이 밖으로 나오도록 뒤집고 후드 앞쪽을 박음질해요. 면끈을 통과시키고 끝을 동그랗게 묶어요.

4 소맷단 달기

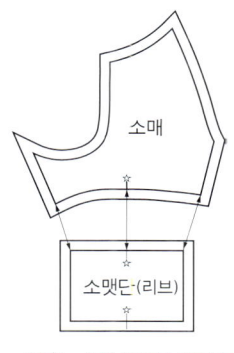

솔기는 소매 쪽으로 꺾어요.

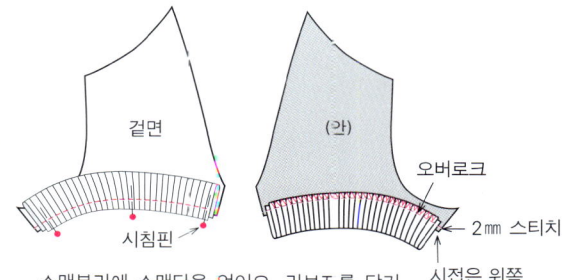

소맷부리에 소맷단을 얹어요. 리브즈를 당기면서 박음질해요(리브 니트지의 경우에는 오버로크한다).

시접은 위쪽으로 꺾는다

5 앞·뒤 몸판과 소매 연결하기

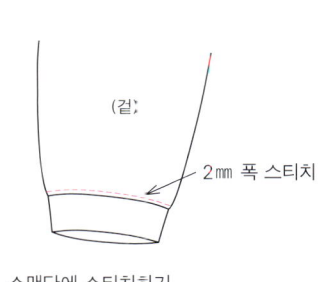

소맷단에 스티치하기

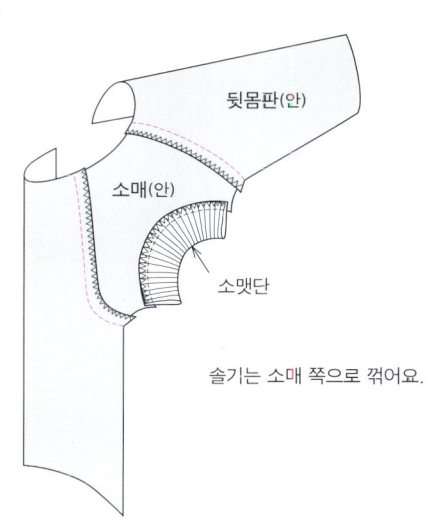

솔기는 소매 쪽으로 꺾어요.

69

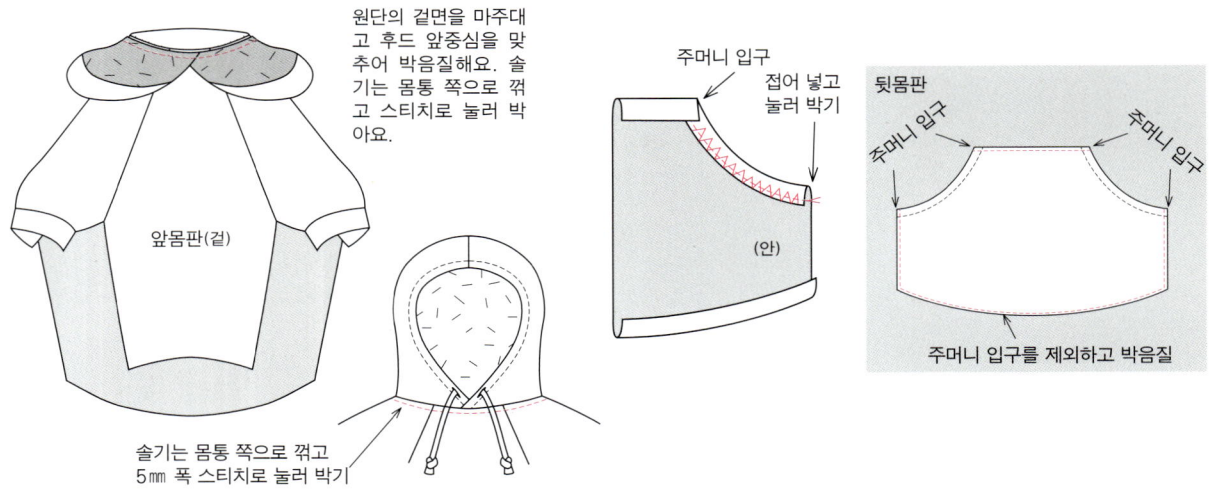

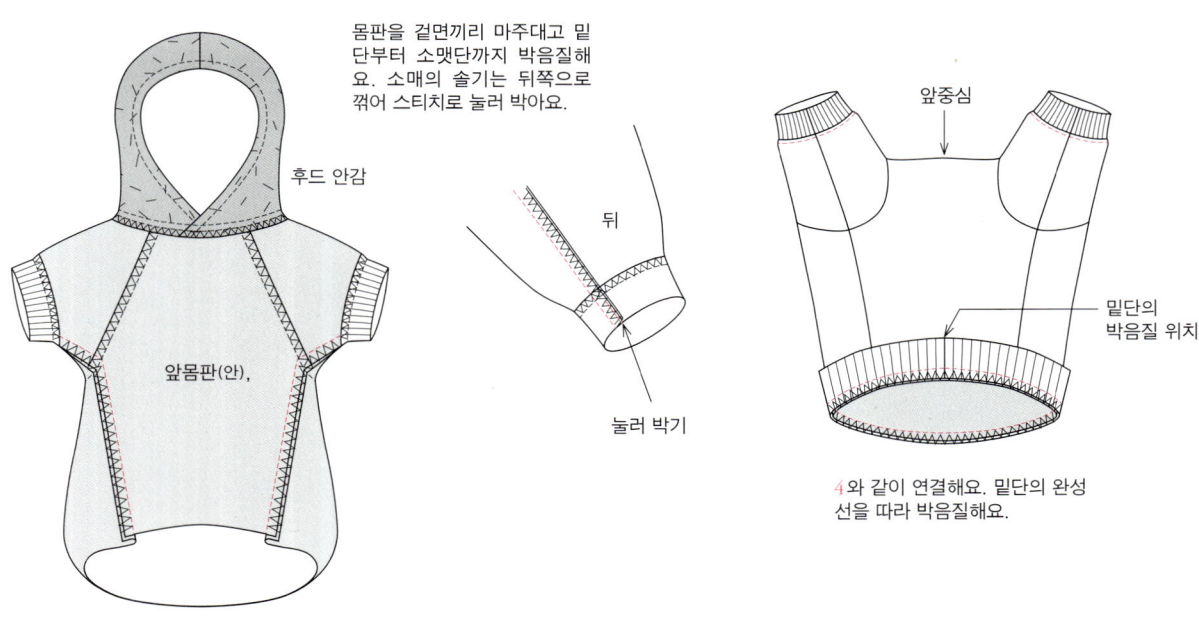

How to make **lace camisole**

● 러이스 캐미솔 (P 20 A · 치와와 착용)

(P 21 B · 빠삐용 착용)

실물 크기 옷본 **2-A**

[재료]

● A

카트 앤드 소운(작은 꽃무늬)
  앞·뒤 몸판 35cm × 25cm
레이스(폭 2cm)
  목둘레, 진동둘레, 밑단둘레 약 90cm
리본(폭 5~6mm)
  장식리본 18cm

● B

카트 앤드 소운(단색)
  앞·뒤 몸판 40cm × 26cm
레이스(폭 2cm)
  목둘레, 진동둘레(끈), 밑단둘레 약 100cm
리본(폭 5~6mm)
  장식리본 20cm
헝겊 조각(마음에 드는 꽃무늬를 잘라낸다)
  아플리케 약간

[재단하는 법] * 시접은 모두 1cm

A

카트 앤드 소운(작은 꽃무늬)

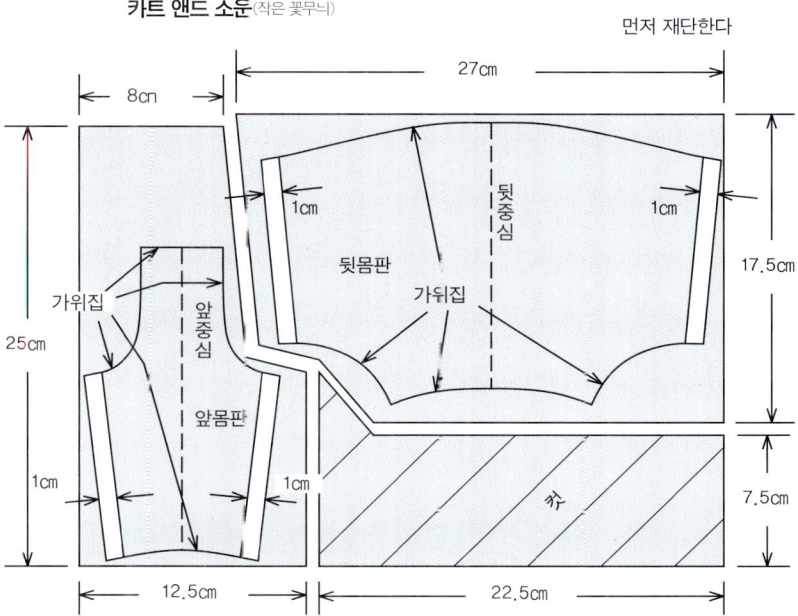

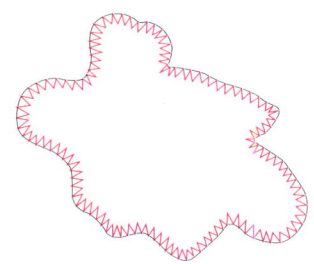

* B만 뒷몸판에 헝겊 조각을 얹고 지그재그 박음질 또는 버튼홀스티치(P 70 참조)로 달아요.

접어서 재단하는 경우

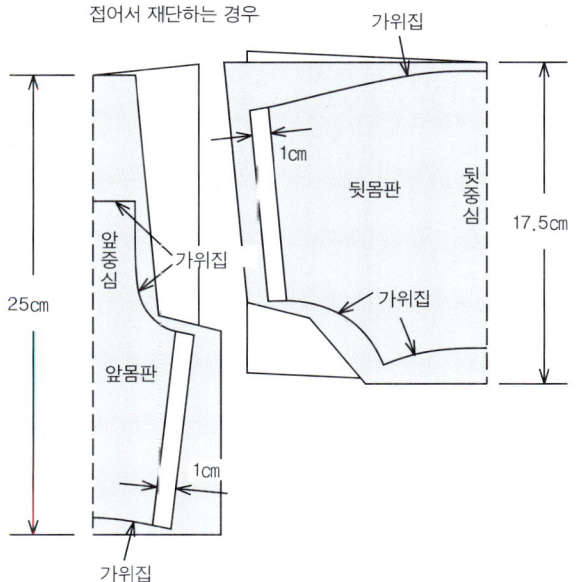

B 카트 앤드 소운 (단색)   먼저 재단한다

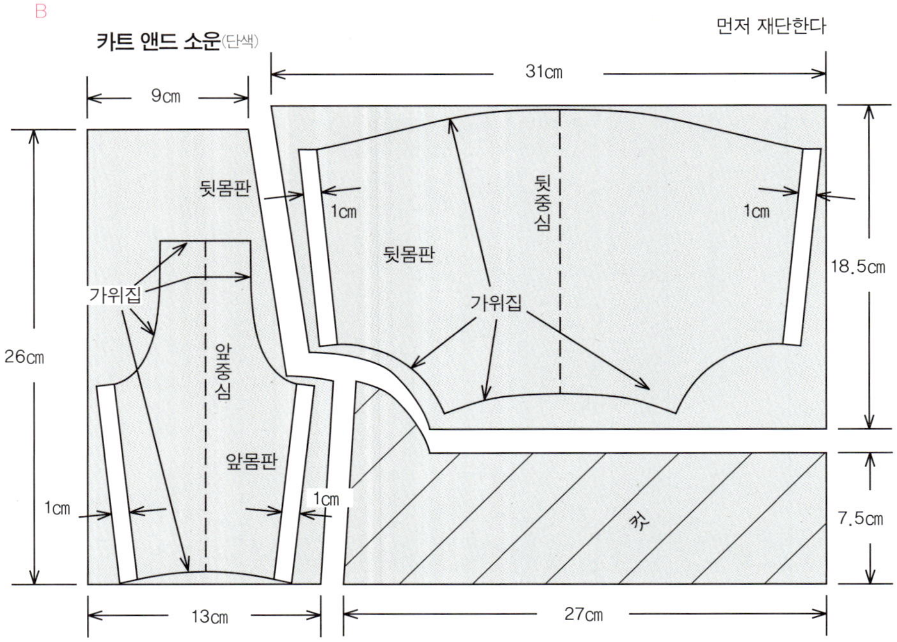

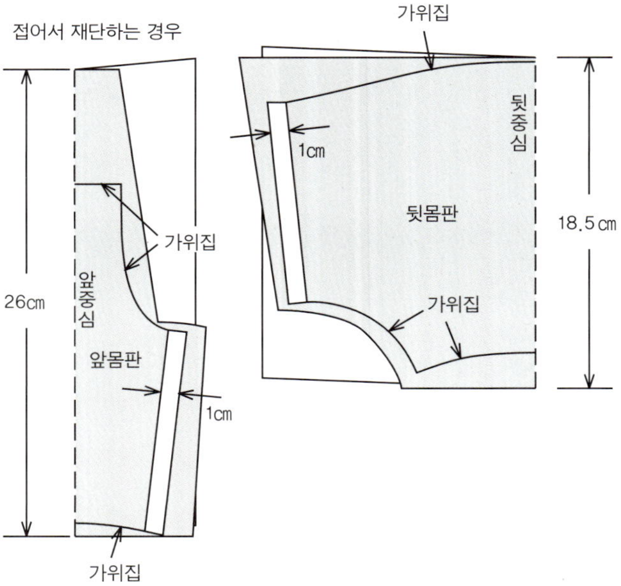

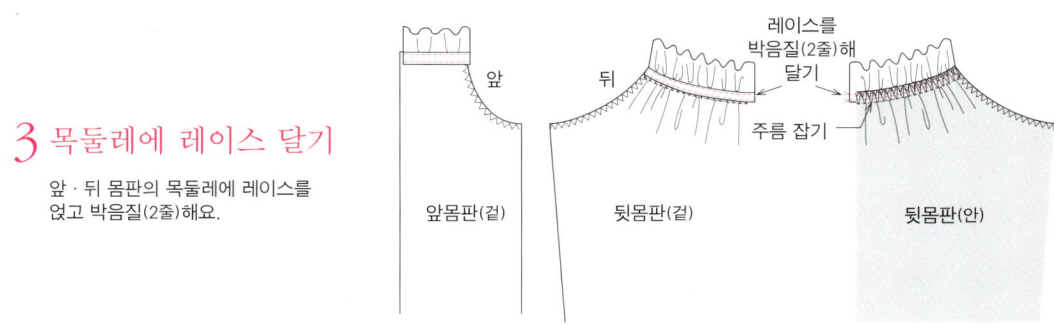

[만드는 법]
* 시접은 모두 오버로크나 지그재그 박음질로 마무리해요.

1 올풀림 방지를 위해 오버로크하기

앞·뒤 몸판의 양 옆선을 제외한 모든 부위에 오버로크나 지그재그 박음질을 해 올풀림을 막아요.

2 뒷몸판의 목둘레에 주름 잡기 (P 58 참조)

지정한 길이(A는 6cm, B는 8cm)가 되도록 주름을 잡아요.

3 목둘레에 레이스 달기

앞·뒤 몸판의 목둘레에 레이스를 얹고 박음질(2줄)해요.

4 옆선 연결하기

앞·뒤 몸판의 양 옆선의 겉면을 마주대고 박음질해요.
시접은 오버로크나 지그재그 박음질로 마무리해요.

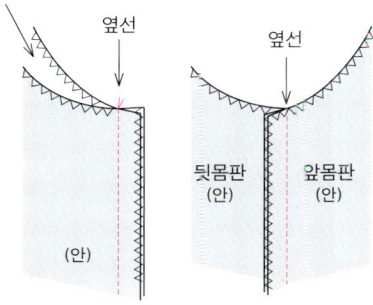

5 목둘레에 레이스 달기

앞목둘레에 레이스 끝을 대고 박음질(2줄)로 달아요.

6 어깨끈 자르기

뒷목둘레 끝에서 레이스를 약 6~7㎝ 남기고 잘라요.

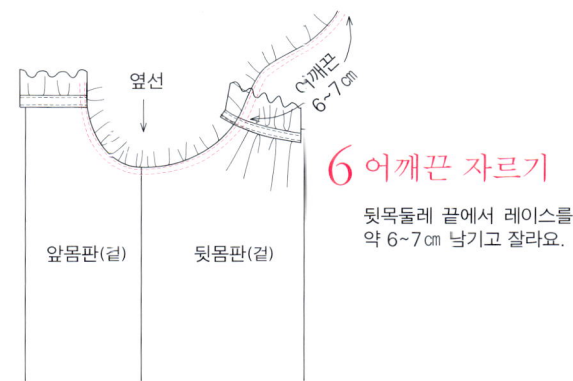

8 어깨끈 연결하기

반드시 강아지에게 입혀본 뒤에 길이를 결정해요.

9 리본 만들어 옷에 달기

7 밑단에 레이스 달기

앞·뒤를 연결한 뒤 밑단에 레이스를 얹고 두 줄로 박음질해요.

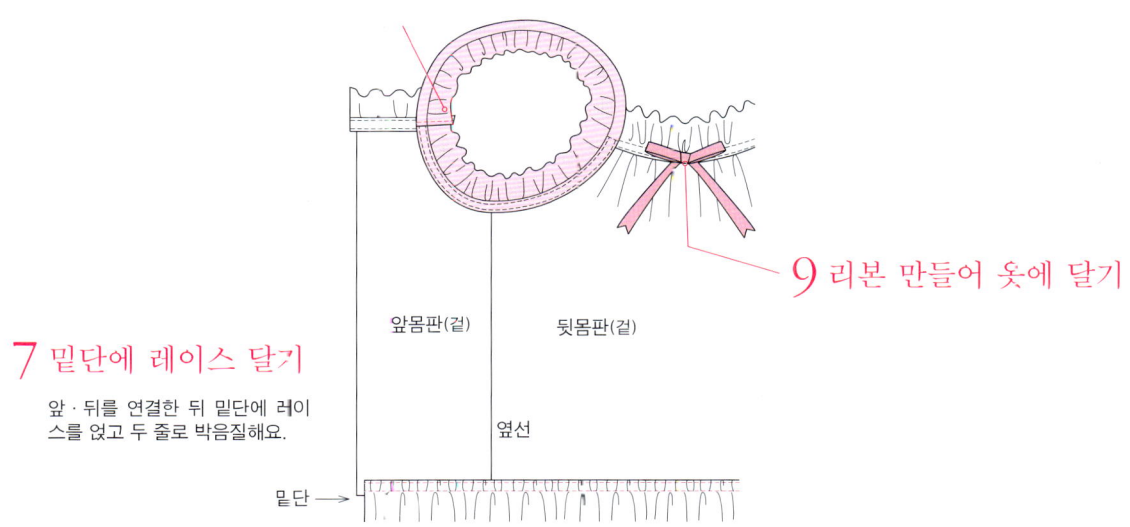

How to make One-piece with flower corsage

● 플라워 코르사주 원피스 (P 22치와 착용)

실물 크기 옷본 2-B

[재료]

카트 앤 소운(무지)
  앞·뒤 몸판, 코르사주, 바이어스(세로방향·폭 3cm)
  38cm × 35cm

코튼(꽃무늬)
  스커트 44cm × 11cm

[재단하는 법]

* 시접은 지정한 분량대로.
* 안감은 절반으로 접어 폭 1.5cm로 만들어요.
  (진동둘레 : 27cm × 2줄, 목둘레 : 22cm × 1줄)

[만드는 방법]

1 스커트 양 옆선, 밑단 박음질하기

오버로크나 지그재그 박음질로 올이 풀리지 않도록 처리한 뒤에 양 옆선, 밑단의 시접을 접어 넣고 박음질해요.

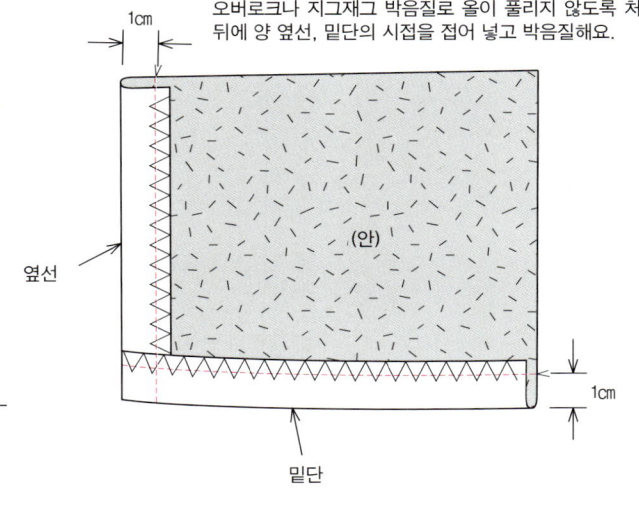

2 스커트에 주름 잡기

뒷몸판의 밑단 폭에 맞춰 주름을 잡아요.

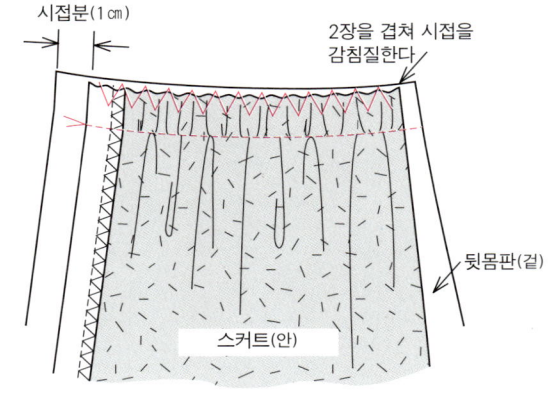

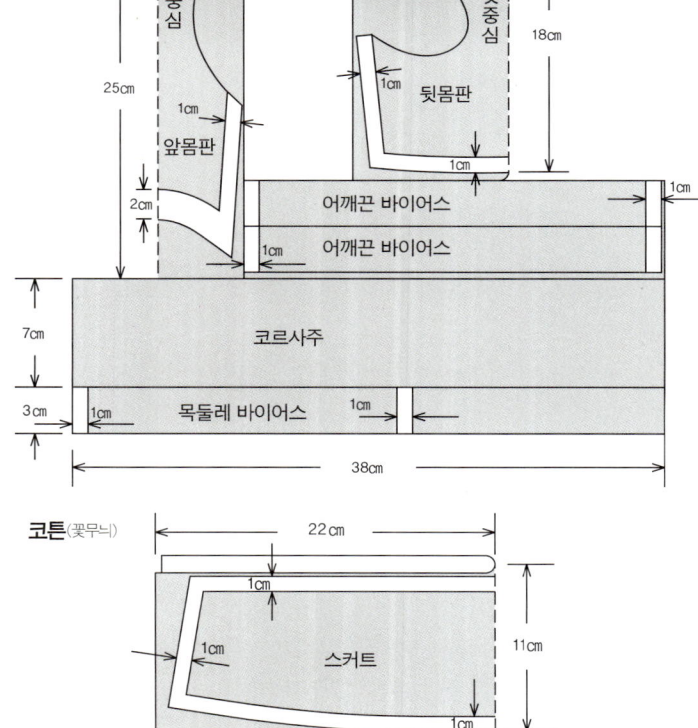

3 뒷몸판에 스커트 달기

뒷몸판의 밑단에 스커트의 시접 겉면을 마주대고 박아 오버로크나 지그재그 박음질로 솔기를 정리해요.

4 앞몸판의 밑단 박음질하기

앞몸판 밑단을 오버로크 또는 지그재그 박음질로 정리해 접고 끝에 박음질해요.

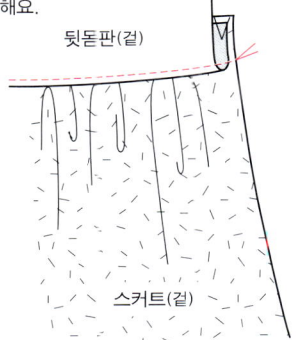
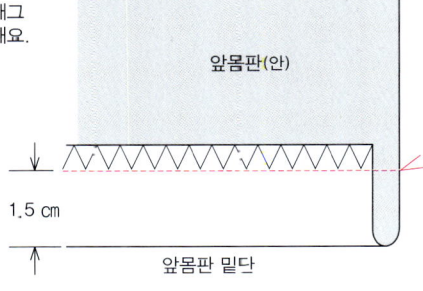

5 한쪽 어깨의 겉면을 마주대고 연결하기
(P 38 ② 참조)

시접은 앞몸판 쪽으로 꺾고 오버로크나 지그재그 박음질로 정리해요.

6 목둘레에 바이어스 달기
(P 39 ③, ④, ⑤ 참조)

7 다른 쪽 어깨 연결하기
(P 39 ⑥, 40 ⑦ 참조)

시접은 앞몸판 쪽으로 꺾고 오버로크 또는 지그재그 박음질로 마무리한 뒤에 스티치로 눌러 박아요.

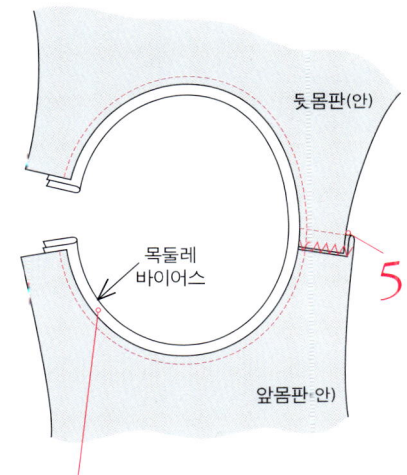
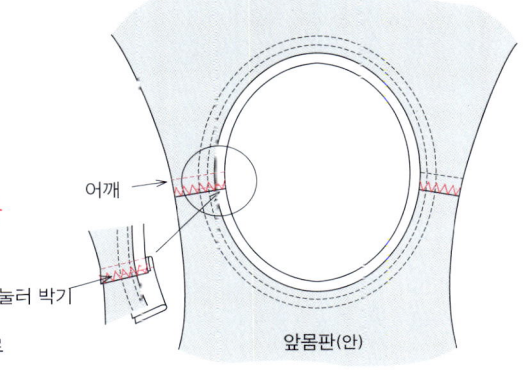

8 좌우 진동둘레에 바이어스 달기
(P 40 ⑧ 참조)

9 양 옆선 연결하기 (P 40 ⑨ 참조)

박음질한 뒤에 오버로크하고 뒷몸판 쪽으로 솔기를 꺾은 후 진동둘레와 밑단에 스티치로 눌러 박아요.

10 코르사주 만들기

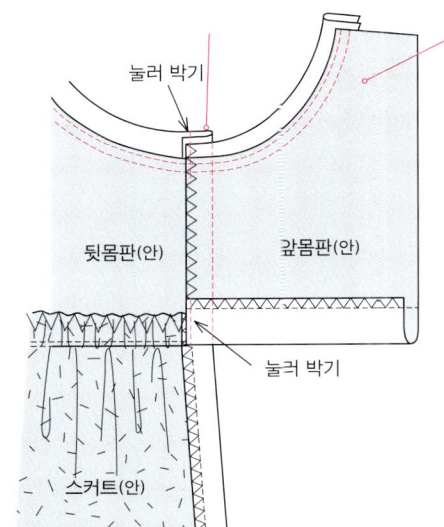
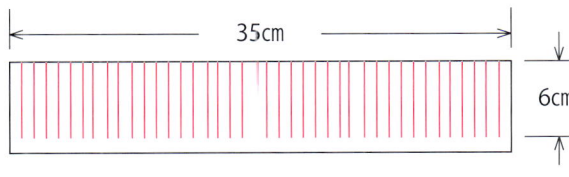
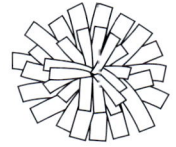

① 폭 5~3㎜로 자르고 끝을 동그랗게 말아 손세탁 후 자연 건조시켜요.
② 적당한 곳에 달아요.

How to make gingham check one-piece

● 깅엄 체크 원피스 (P 23 토이 푸들 착용)

실물 크기 옷본 2-B

[재료]

코튼(깅엄 체크)
　　앞·뒤 몸판, 바이어스테이프 110㎝×40㎝
꽃 모티브(직경 1.5~2㎝) 3개
꽃 자수(약 1.5㎝) 6개
스냅단추 5개
심지(3.5㎝×29㎝) 앞 안감 2장
코튼(꽃무늬) 요크 천* 44㎝×11㎝
* 상의의 어깨나 하의 상단에 박아 넣는 천으로
　장식이나 보강을 위해 이용해요.

[재단하는 법]

* 시접은 모두 1㎝.
* 바이어스테이프는 모두 폭 3㎝. 여분의 원단
　으로 만들어요(P 58 참조).
　(어깨끈 : 10㎝×2개, 리본용 : 40㎝×2개)

코튼(깅엄 체크)

[만드는 방법]

1 어깨끈, 리본용 바이어스테이프 만들기

1.5㎝씩, 겉면을 마주대고 접어 박음질한 뒤 뒤집어요.
리본용은 한쪽 끝도 박음질해요. 겉면이 밖으로 나오도록 뒤집어요.

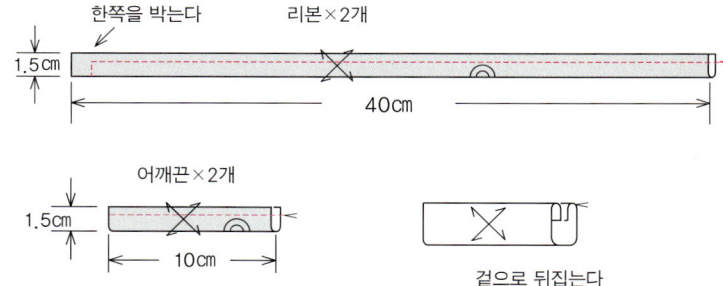

2 뒷몸판에 요크 천 달기

① 뒷몸판에 어깨끈을 얹고 요크 천 사이에 끼워 박아요.
② 겉면이 나오도록 뒤집고 요크 천의 시접을 접어 넣은 뒤 박음질해요.

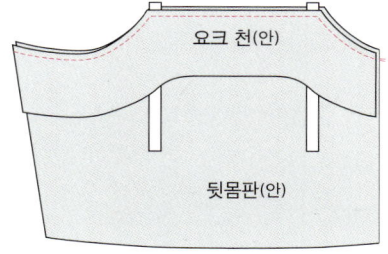

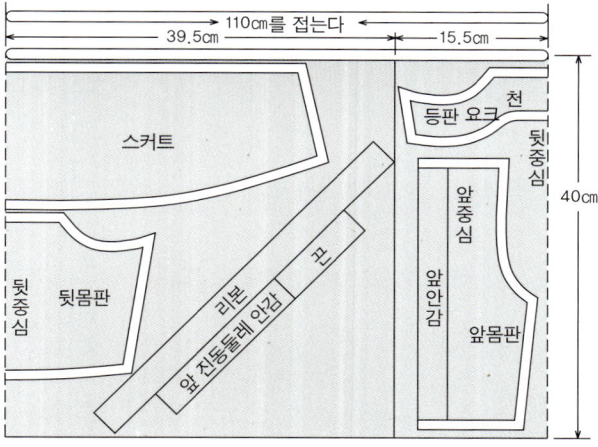

바이어스테이프

3 요크 천에 꽃 달기

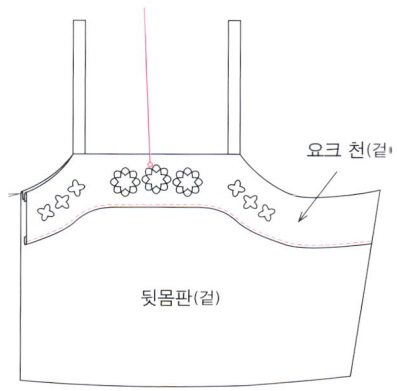

4 스커트에 주름 잡기 (P 58 참조)

스커트 밑단, 옆선을 오버로크 또는 지그재그 박음질로 마무리하고 시접을 접어 박음질한 뒤 주름을 잡아요.

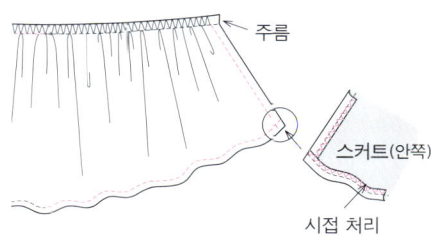

5 스커트와 뒷몸판 연결하기

스커트와 원단의 겉면을 마주대고 박음질해요. 솔기는 몸판 쪽으로 꺾고 오버로크나 지그재그 박음질로 처리해요. 겉면이 나오도록 뒤집고 리본을 달아요.

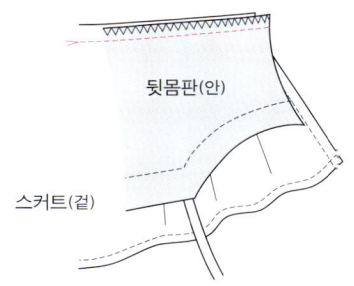

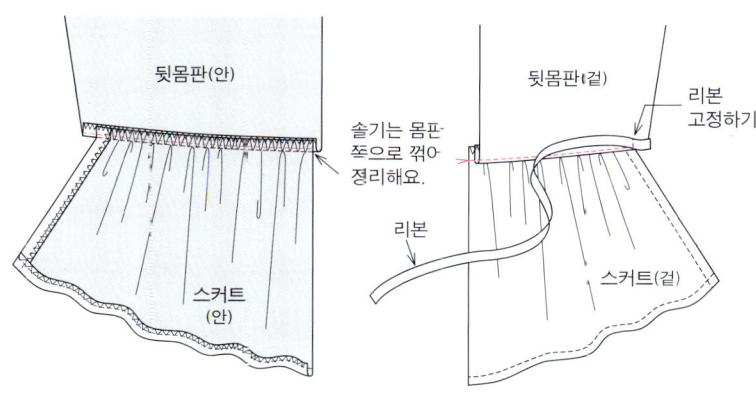

6 앞몸판 바이어스테이프로 감싸기 (P 58 참조)

7 앞 안감 처리하기

① 앞몸판 끝에 오버로크나 지그재그 박음질을 한 뒤 안감을 접고 얇은 심을 붙여요. 위아래 끝을 박음질하고 시접은 오버로크나 지그재그 박음질로 처리해요.

② 안감을 겉으로 뒤집고 그림처럼 박음질해요.

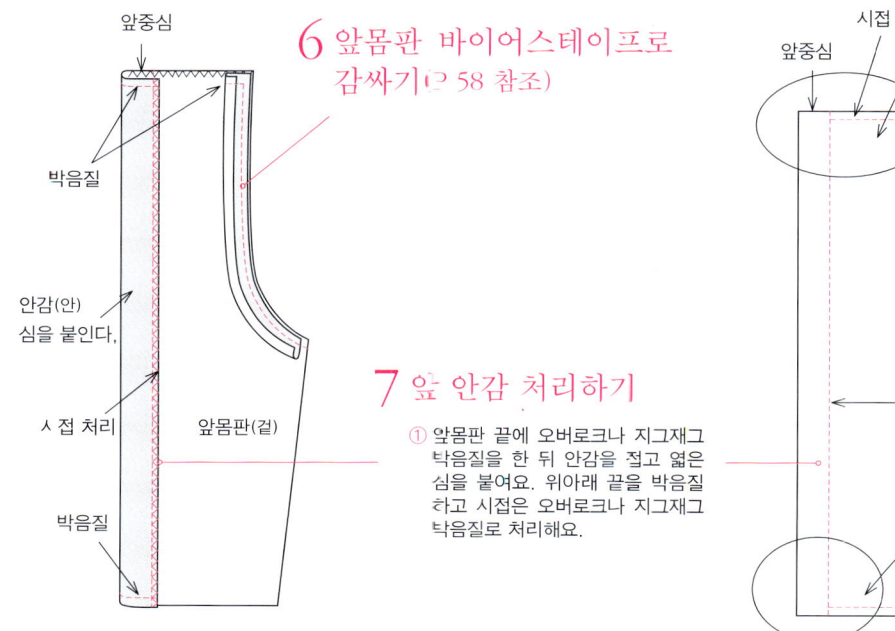

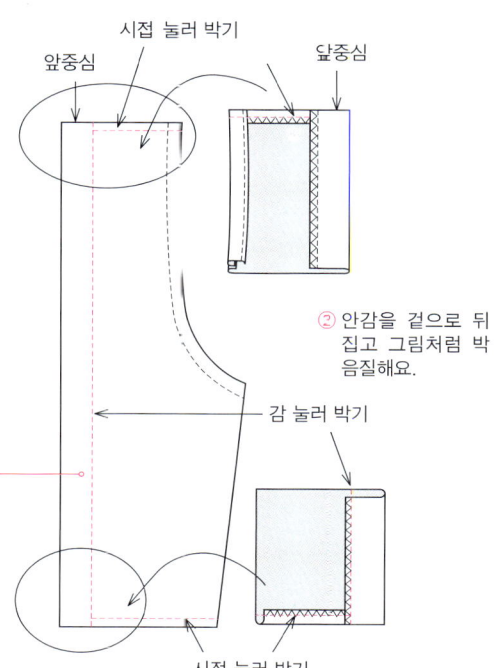

8 앞·뒤 몸판 연결하기

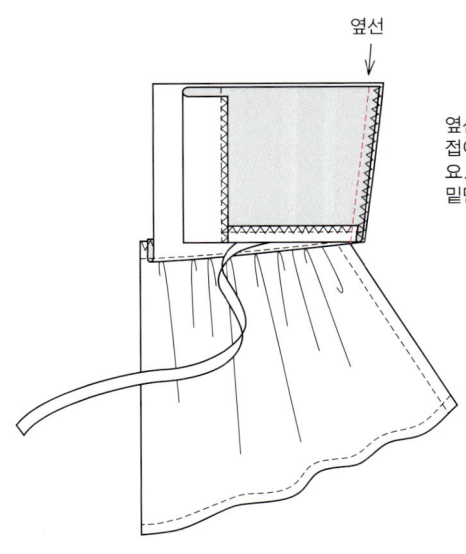

옆선끼리 원단의 겉면을 마주대고 박아 시접에 오버로크 또는 지그재그 박음질을 해요. 솔기는 뒷몸판으로 꺾고, 진동둘레와 밑단 쪽 시접은 스티치로 눌러 박아요.

9 앞단에 스냅단추 달기(P 59 참조)

단추 위치는 부록 실물 크기 옷단의 뒷면을 참조해 주세요.

10 끈 고정하기

반드시 강아지에게 옷을 입혀보고 길이를 정한 다음에 고정해요.

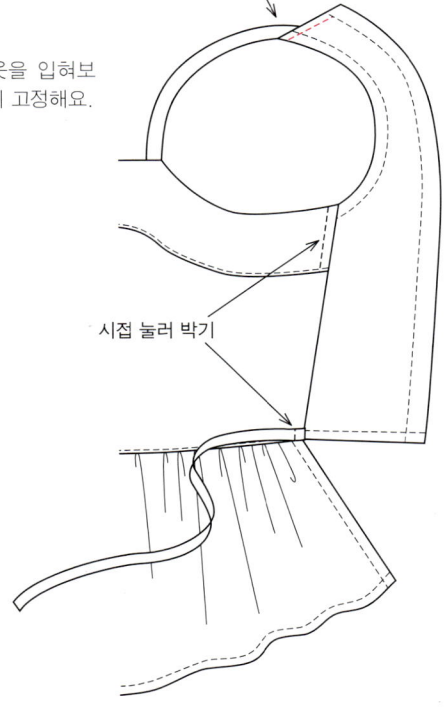

How to make bleeding jacket

● 블리딩 재킷(P 24 A 와이어 폭스 테리어 착용)

(P 26 B 요크셔테리어 착용)

실물 크기 옷본: 와이어 폭스 테리어 3-A   요크셔테리어 2-B

[재료]

● A

코튼(히코리, 감색)
　　앞·뒤 몸판 110cm × 60cm
다른 천
　　뒷몸판 안감 25cm × 15cm,
　　소맷단, 밑단 폭 1.5cm × 85cm (테이프 형태)
단추(15mm) 4개
스냅단추 4개
자수실 약간
플리스(빨강색) 아플리케 약간

● B

리넨, 코튼 등(라인 넣기)
　　앞·뒤 돈판 110cm × 30cm
　　* 작품은 각각 도톰한 키친크로스(빨간 라인이
　　　들어간 것) 56cm × 80cm과 낡은 청바지
다른 천
　　뒤 안감 15cm × 10cm,
　　소맷단, 밑단 폭 1.5cm × 50cm (테이프 형태)
단추(13mm) 4개
스냅단추 4개
자수실 약간

[재단하는 법]

● 시접은 1cm, 그 외는 그냥 재단한다.

A **코튼지**

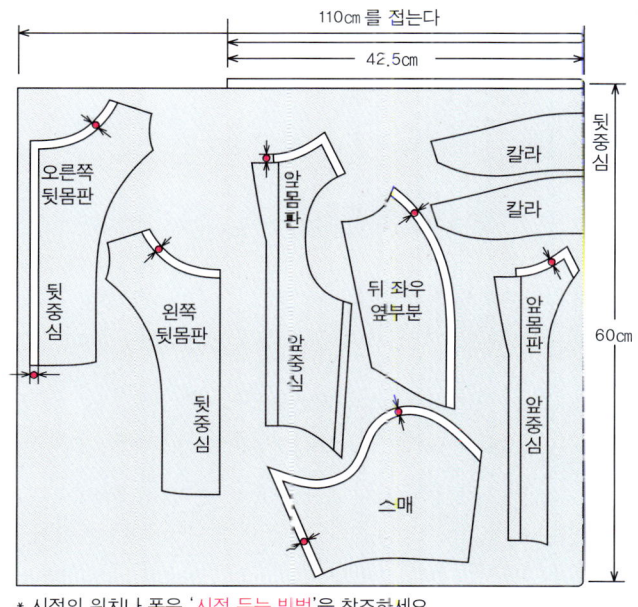

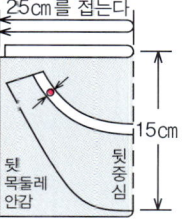

* 시접의 위치나 폭은 '시접 두는 방법'을 참조하세요.

다른 천(테이프 형태)

79

[재단하는 법]
- 시접은 1㎝, 그 외는 그냥 재단한다.

B 코튼지

다른 천

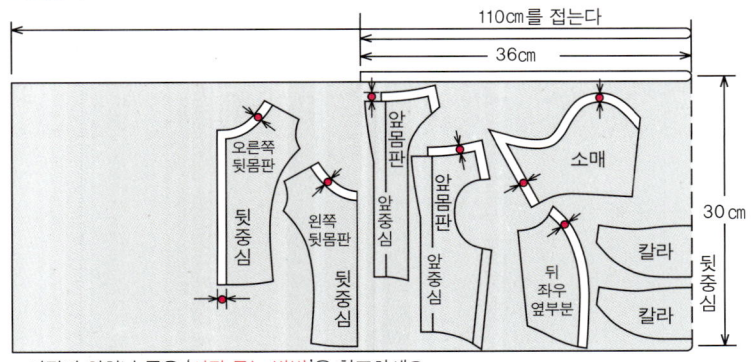
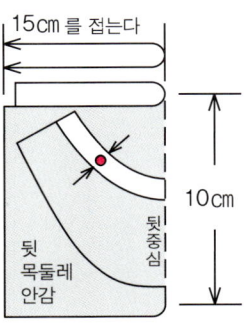

* 시접의 위치나 폭은 '시접 두는 방법'을 참조하세요.

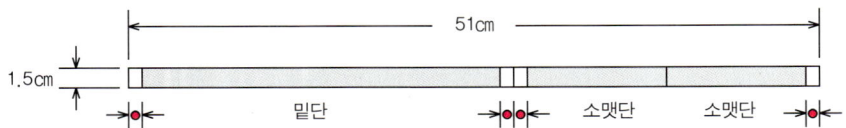

[시접 더하는 방법] ☐ 시접 : 1㎝, 그 외는 그냥 재단한다

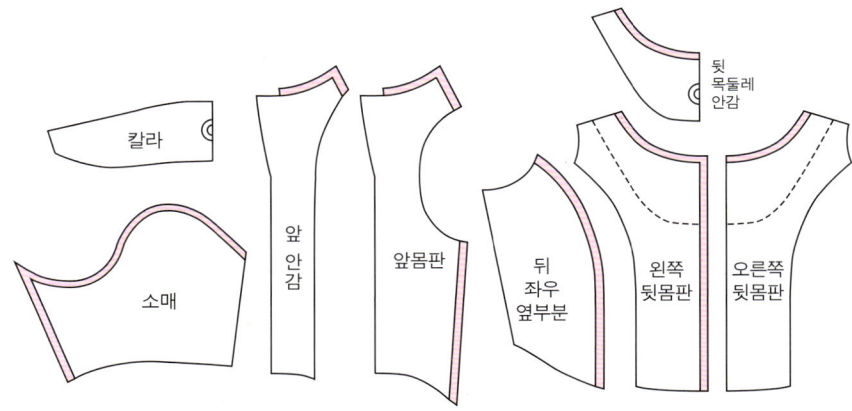

[만드는 방법]

1 칼라 만들기

칼라 앞·뒤의 겉면을 마주대고 목둘레 이외의 부분에 2줄로 박음질해요.

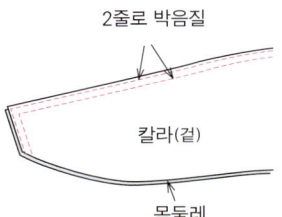

13 단추, 스냅 달기(P 59 참조), A는 아플리케 달기와 자수, B는 자수만 넣기

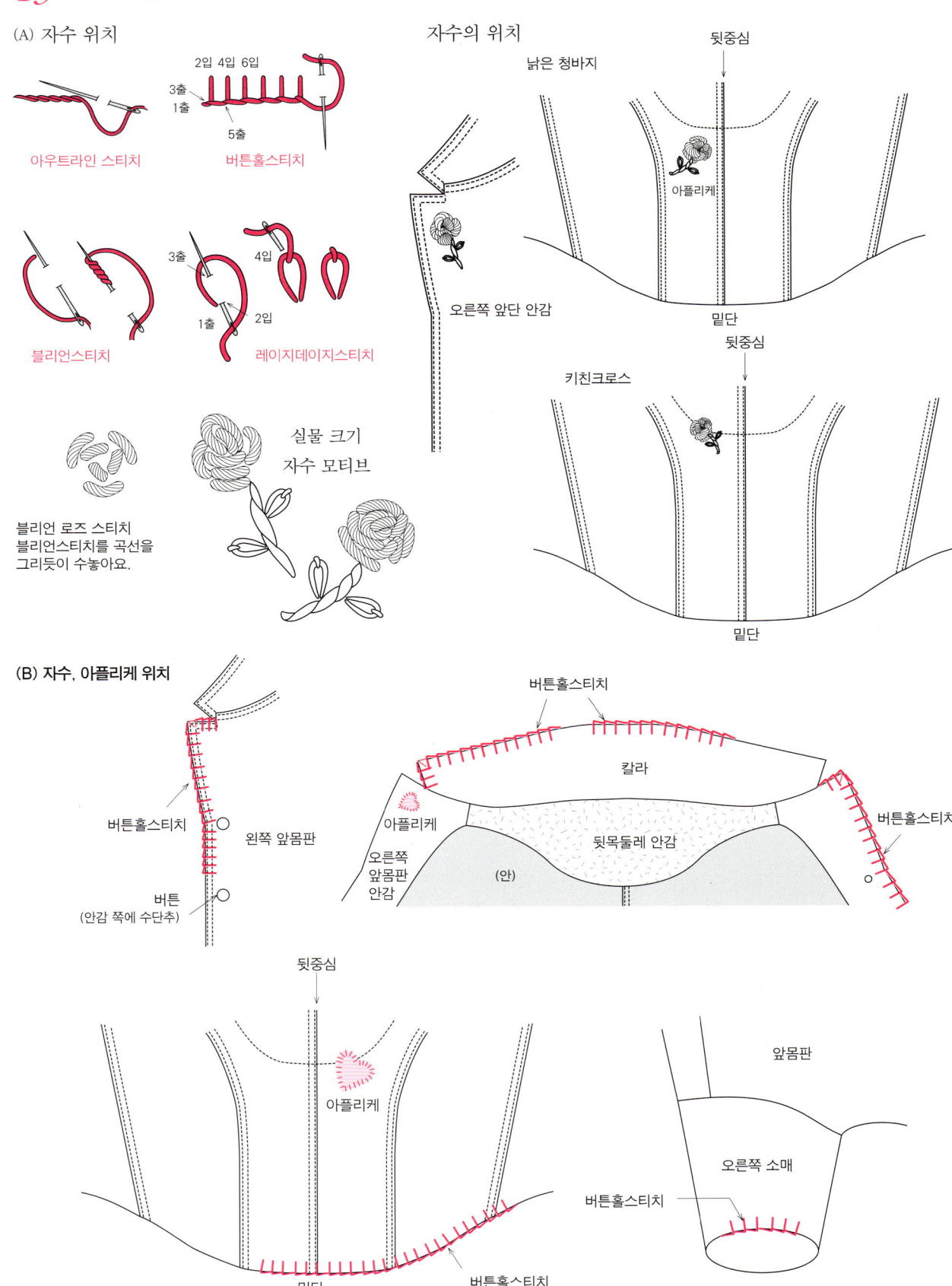

How to make parka vest with cross motif

● 십자가 모티브 파카 베스트 (P 18 A 미니어처 닥스훈트 착용)
(P 19 B 와이어 폭스 테리어 착용)

실물 크기 옷본: 미니어처 닥스훈트 **2-A**　와이어 폭스 테리어 **2-B**

[재료]

● A
스웨트(겨자색)
　앞·뒤 몸판, 후드 겉면,
　아랫단과 소맷단 80㎝×35㎝
스트레치 카트 앤 소운(카키색)
　후두 안면, 소매, 밑단,
　아플리케 70㎝×25㎝
아플리케용 접착심 10㎝×8㎝

● B
카트 앤드 소운(다크블루)
　앞·뒤 몸판, 후드 겉면
　아랫단과 소맷단 90㎝×55㎝
스트레치 카트 앤드 소운(카키색)
　후드 안면, 소맷단, 밑단,
　아플리케 80㎝×40㎝
아플리케용 접착심 10㎝×13㎝

[재단하는 방법]

* 시접은 모두 1㎝.

A

스웨트

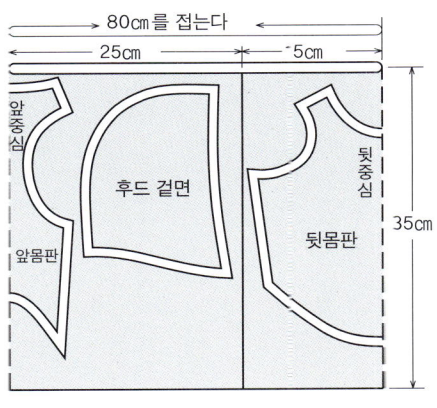

스트레치 카트 앤드 소운

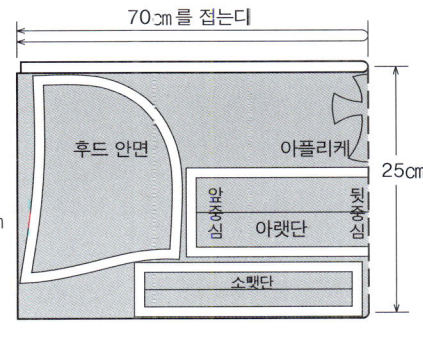

B

카트 앤 소운

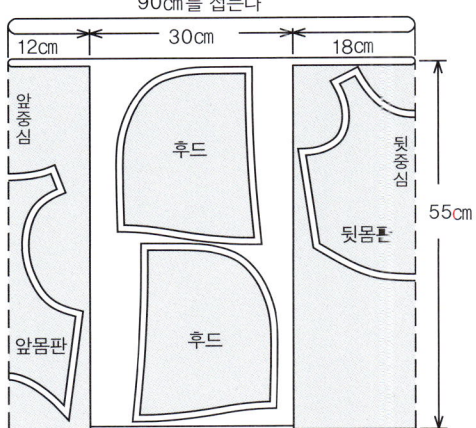

스트레치 카트 앤드 소운

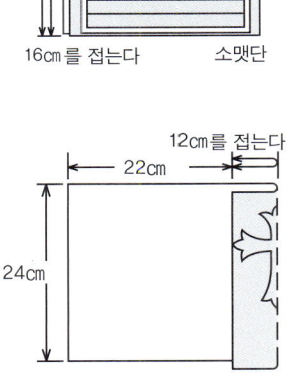

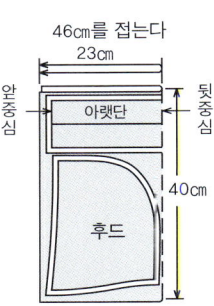

[만드는 방법] * 시접은 모두 오버로크 또는 지그재그 박음질로 처리해요.

1 안감이 있는 후드 만들기(P 69 ① 참조).

2 후드 앞쪽 박음질하기(P 69 ② 참조).

3 면끈 끼우기(P 69 ③ 참조).

4 아플리케 만들기(P 65 ① 참조).

5 아플리케 달기
뒷몸판에 아플리케를 얹고 박음질해 달아요.

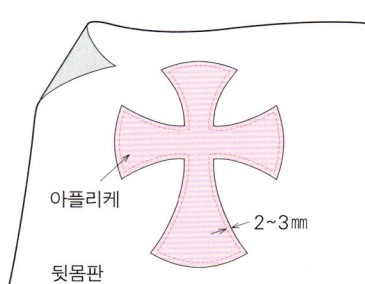

6 양어깨 연결하기(P 38 ②, P 40 ⑦ 참조)
앞몸판과 뒷몸판의 어깨의 겉면을 마주대고 연결해요.

7 목둘레에 후드 달기(P 70 ⑥ 참조)

8 소맷단 달기(P 69 ④ 참조)

9 양 옆선 연결하기(P 70 ⑧ 참조)

10 밑단에 밑단 천 달기(P 70 ⑨ 참조)

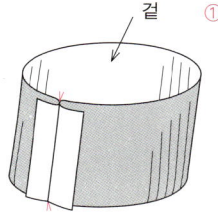

① 소맷단 겉면을 마주대고 원통 형태로 박아 뒤집어 소맷단을 만들어요.

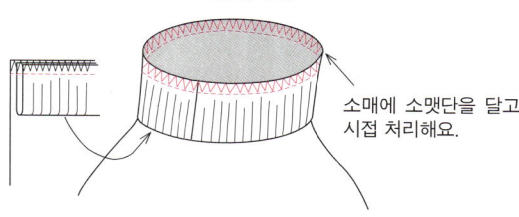

② 진동둘레에 맞춰 당기면서 박음질해요.

소매에 소맷단을 달고 시접 처리해요.

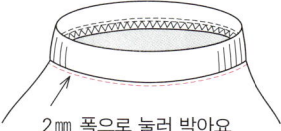

2mm 폭으로 눌러 박아요

③ 시접을 소매 쪽으로 꺾고 박음질해요.

실물 크기

How to make tweed coat

● 트위드 코트 (P 28 A 잭 러셀 테리어 착용)

(P 28 B 미니어처 슈나우저 착용)

실물 크기 옷본: 잭 러셀 테리어 **3-A**   미니어처 슈나우저 **3-B**

[재료]

● A

울(해리스 트위드)
앞·뒤 몸판, 칼라, 소매, 장식벨트
148㎝ × 40㎝
단추(15㎜) 6개
스냅단추 5개

● B

울(해리스 트위드)
앞·뒤 몸판, 칼라, 소매, 장식벨트
148㎝ × 50㎝
단추(18㎜) 6개
스냅단추 5개

[재단하는 방법]

* 시접은 모두 1㎝(지시가 있는 곳은 제외).

A

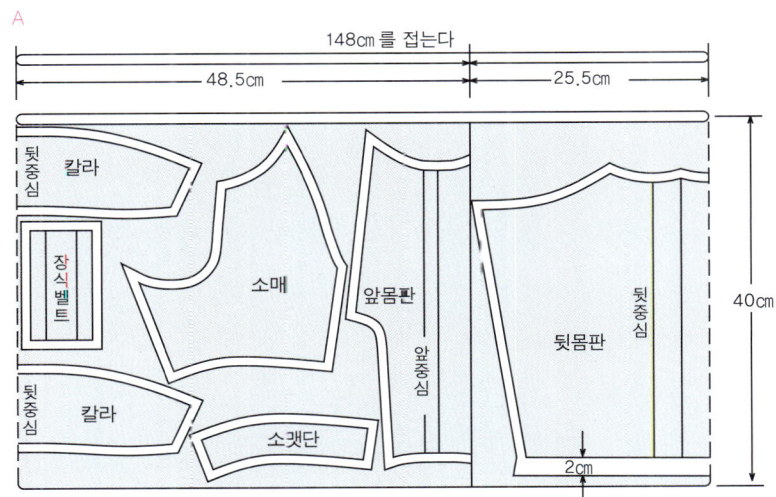

B

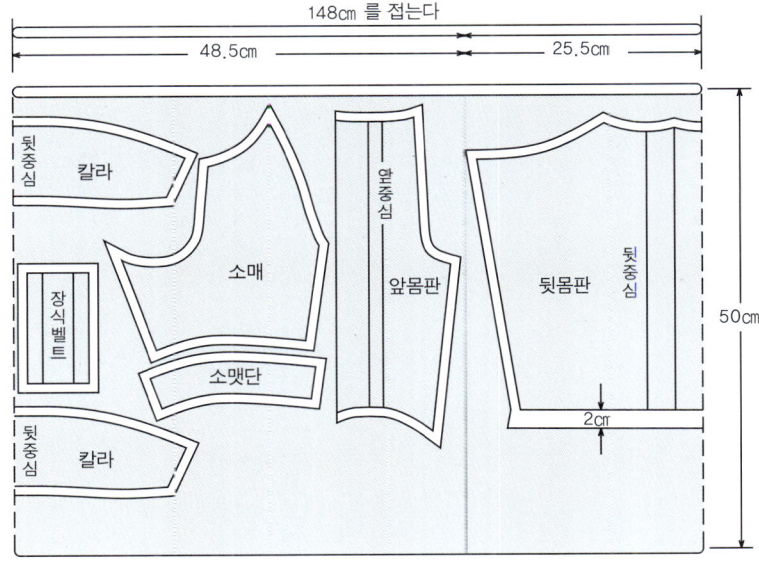

1 칼라 만들기

칼라의 겉면을 마주대고 꿰맨 뒤에 뒤집어 스티치를 해요.

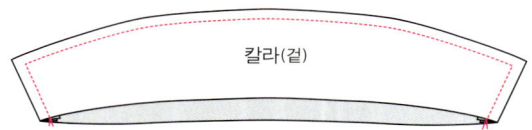

2 뒤 밑단 처리하기

뒷몸판 밑단에 오버로크나 지그재그 박음질을 하고 접은 뒤 박음질해요.

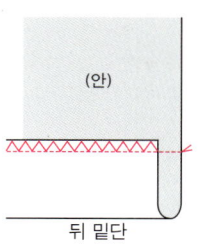

3 뒷몸판을 연결하고 정지점까지 박기

좌우 뒤 옆부분의 시접 위에 2를 얹고 2줄로 박음질해요.

4 주름 만들기

뒷몸판의 원단을 접어서 주름 위치를 맞추고 안쪽 주름에 스티치를 넣어 눌러줘요. 주름은 다리미로 눌러 모양을 만들어요.

5 뒷몸판에 장식 스티치하기

박음질을 멈춘 곳에 장식 스티치로 마무리해요.

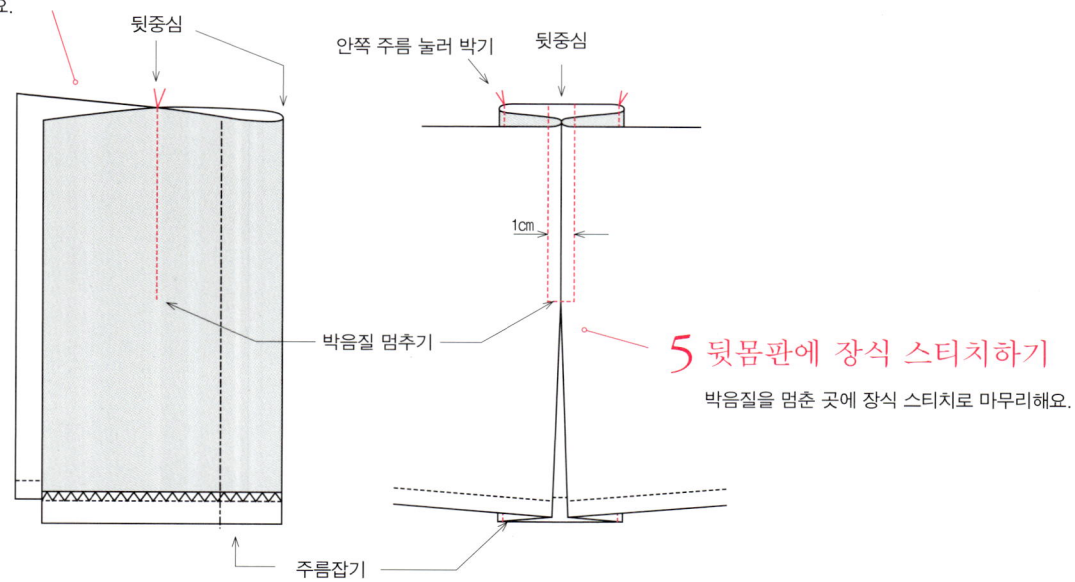

6 뒷몸판에 장식벨트 달기

① 겉면을 마주대고 창구멍 약 5㎝를 제외하고 박음질해요.

② 겉면이 나오도록 뒤집고 창구멍을 공그르기 해요(P.57 참조).

③ 겉면이 위로 오도록 뒷몸판에 얹고 단추를 뒷몸판까지 고정하듯이 달아요.

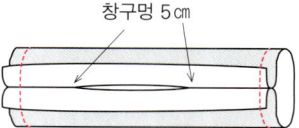
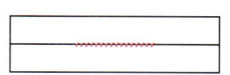
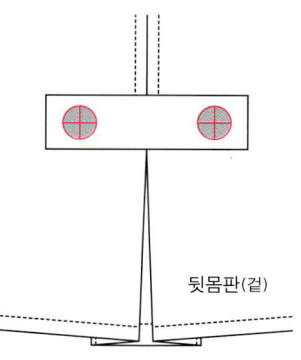

7 소매에 소맷단 달기

박음질한 뒤에 뒤집어 파이핑(P 58)의 요령으로
소맷단을 대고 박음질해요.

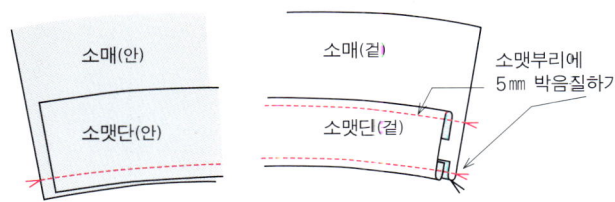

8 앞·뒤 몸판과 소매 연결하기 (P 69 ⑤ 참조)

시접은 오버로크 또는 지그재그 박음질하 소매 쪽으로 꺾어요.

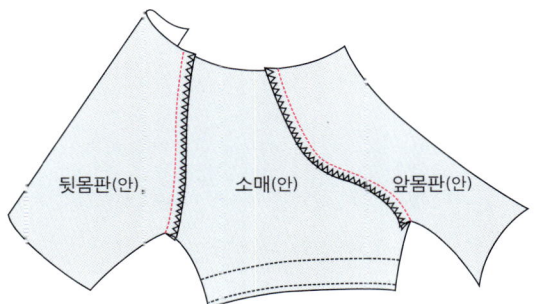

9 칼라 연결하기

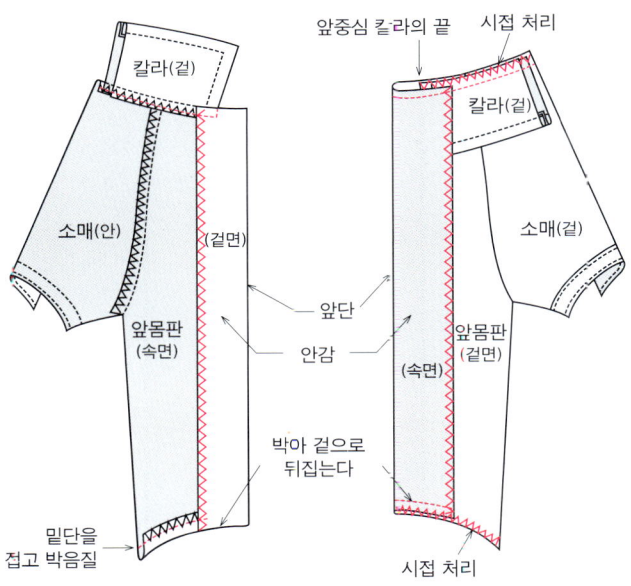

① 앞몸통 목둘레(겉면)에 칼라를 얹고 끝에 오버로크 또는 지그재그 박음질을 한 뒤에 앞단 안감을 뒤집어 위아래를 연결해요. 이때 안감의 밑단에도 스티치해요. 칼라 위쪽을 오버로크 또는 지그재그 박음질로 마무리해요.
② 칼라의 시접을 몸판 쪽으로 꺾고 스티치를 넣어 눌러 박아요. 앞몸판의 밑단을 접어 올리고 박음질해요.

10 양 옆선 연결하기

옆선을 앞몸판 밑단부터 소맷부리까지 겉면을 마주대고 박음질해요. 시접은 오버로크나 지그재그 박음질을 하고 뒷몸판 쪽으로 꺾어요. 소맷부리의 시접은 소맷단을 감싸듯이 접어 박음질해요.

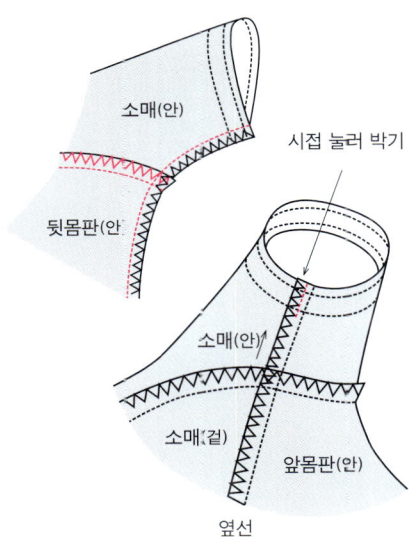

11 뒤 옆선에 박음질하기

뒤 옆선의 시접을 뒷몸판 쪽으로 꺾고 박음질해요.

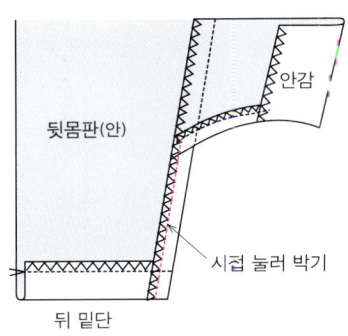

12 단추와 스냅단추 달기 (P 59 참조)

단추나 스냅단추의 위치는 실물 크기 옷본을 참조하세요.

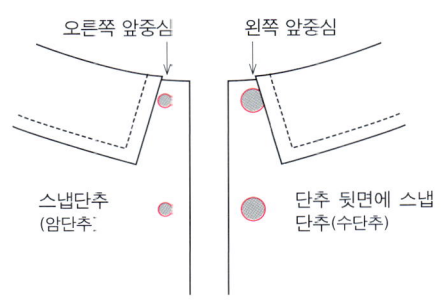

How to make collar with lower corsage & lead, ring with corsage

- 코르사주 목줄과 리드 (P 30 치와와 착용)
- 강아지와 커플 코르사주 반지 (P 30 사람 착용)

[재료] *P 54를 참조하여 패턴을 만들고 원단을 재단해요.

코르사주가 달린 목줄
코튼(빨강×흰 물방울무늬)
　본체 30㎝×5㎝
카트 앤드 소운(빨강×흰색 줄무늬, 세로 폭 10㎝) 코르사주 25~30㎝
두툼한 접착심(폭 1.5㎝) 30㎝
버클(폭 1.5㎝) 1쌍
D링 1개

리드
코튼(빨강×흰 물방울무늬)
　본체 159㎝×5㎝
두툼한 접착심(하드타입, 폭 1.5㎝) 159㎝
붕어고리(실버 후크, 폭 1.5㎝용) 1개

코르사주 반지
카트 앤드 소운(감색×흰색 줄무늬, 세로 방향 7㎝)
　본체 12~15㎝
반지(아크릴제, 희색 약 1㎝ 폭) 1개

[만드는 방법] 코르사주가 달린 목줄

1 도톰한 접착심지 붙이기
본체 원단 안쪽에 도톰한 접착심지를 붙이고 시접(1㎝)을 접어 넣은 뒤 양 끝을 박음질해요.

2 버클, D링 달기
1의 한쪽에 D링과 버클을 순서대로 꿴 후 벨트 부분을 접어 뒤집고 두 곳에 박음질해요. 반대쪽에 버클의 다른 한쪽을 꿰고 접어 박아요.

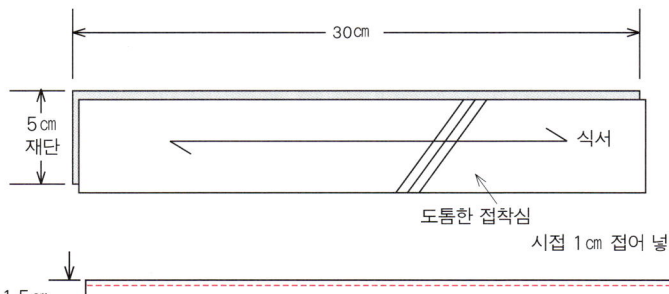

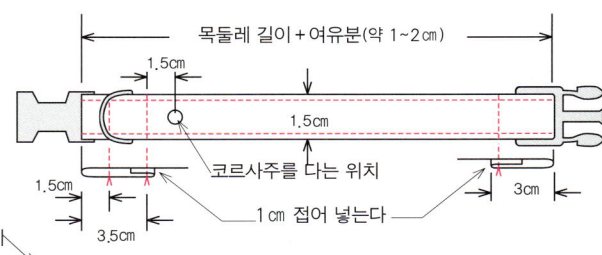

코르사주 만드는 방법, 다는 법

1 카트 앤드 소운 원단 자르기
폭 1~1.2㎝×10㎝를 25개 잘라요.

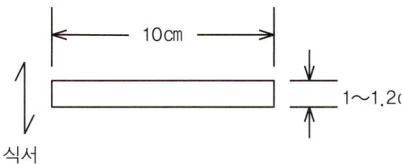

2 다발 5개 만들기
그림처럼 1을 5개씩 묶은 다발을 5개 만들어요. 뒤집히는 쪽을 중심에 오게 해요.

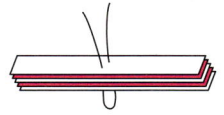

3 다발 정리 후 본체에 달기
2의 5개 다발의 중심을 한데 모아서 박아 볼륨감 있는 꽃을 만든 뒤 목줄에 고정해요.

[만드는 방법] 리드

1 도톰한 접착심지 붙이기
본체 원단(안)에 도톰한 심지를 붙이고 시접(1㎝)을 접어 넣은 뒤 양쪽을 박음질해요.

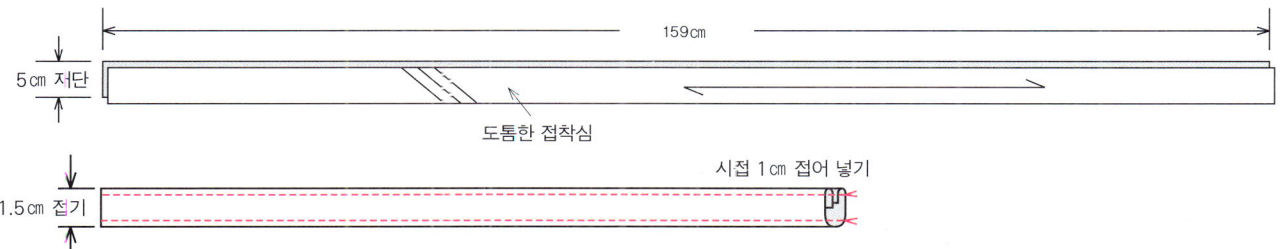

2 한쪽을 붕어고리에 꿰기
한쪽에 붕어고리를 꿰고 벨트 부분을 접어 박음질해요(2곳).

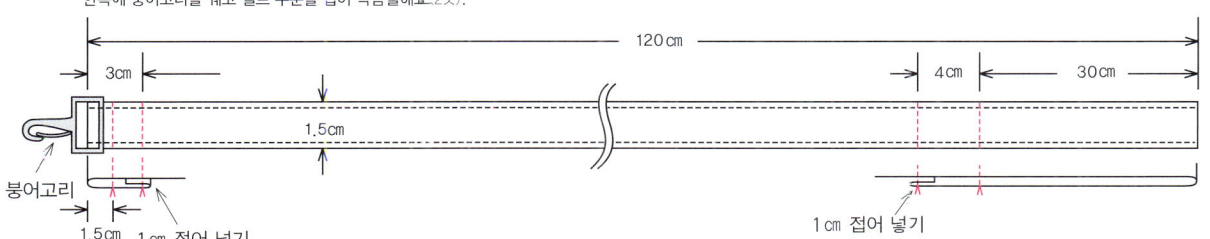

3 다른 한쪽을 접어 박음질하기

[만드는 방법] 반지

1 카트 앤드 소운 원단 자르기
폭 0.8~1㎝×7㎝를 15개 잘라요.

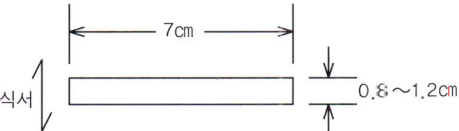

2 다발 3개 만들기
1을 5개씩 정리해 다발로 고정해 단 것을 3개 만들어요.
원단이 뒤집히는 쪽을 중심쪽으로 해요.

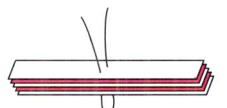 

3 다발 정리하기
2의 다발 3개를 한데 모아서 박고 볼륨감 있는 꽃을 만들어요.

4 반지에 고정하기
반지에 본드를 이용하여 3을 얹고 실을 여러 번 둘러 고정해요.

How to make apron for going out

● 산책용 앞치마 (P 31 사람 착용)

[재료]

도톰한 코튼 (무지)
　　본체, 주머니, 벨트 110㎝×80㎝
천 조각, 레이스 등 (취향에 따라서)
　　아플리케 약간
자수실 (빨강)
　　핸드 스티치 약간

[재단하는 방법]

* 시접은 지정한 만큼 둬요 (앞치마 본체, 주머니 양옆 : 1.5㎝, 앞치마 본체 밑단, 주머니 아래 : 3㎝, 그 외 1㎝)

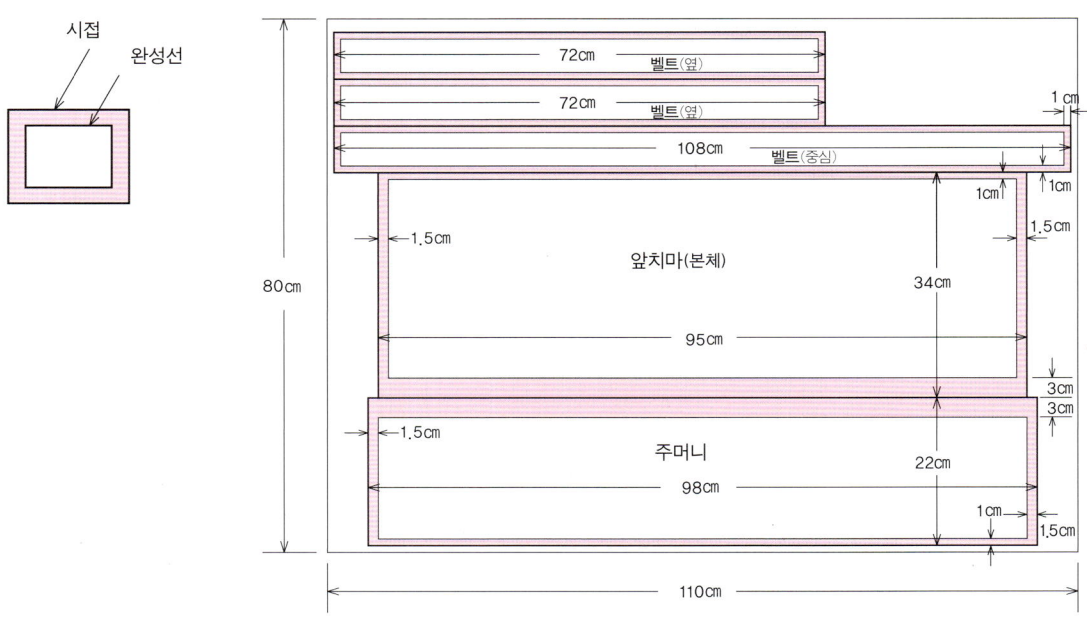

[완성도]

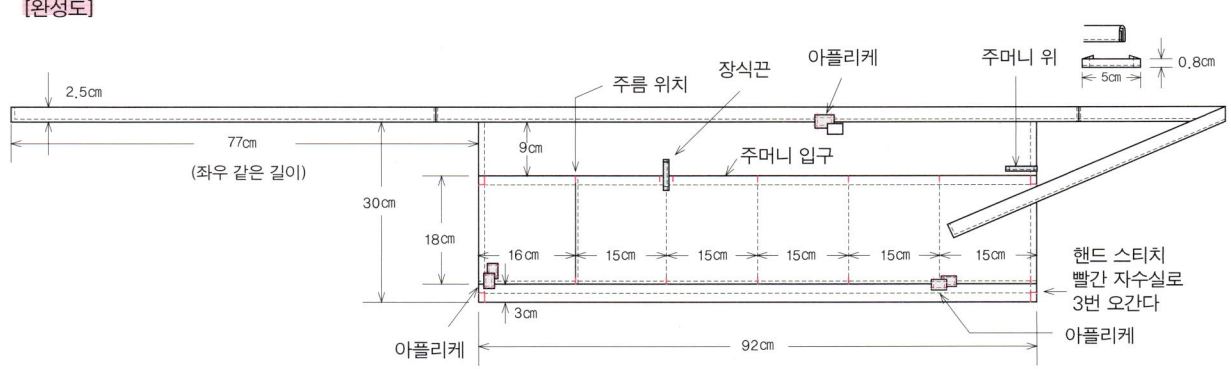

[만드는 방법]

1 주머니 위, 앞치마 본체의 밑단 접기

주머니 위, 앞치마 본체의 밑단을 말아서 박음질해요.

2 주머니의 밑단 정리하고 주름 넣기

주머니의 밑단 시접을 접고, 주름이 접히는 부분에 박음질을 해요.

3 본체에 주머니 달기

앞치마에 얹고 양옆을 제외한 부분에 박음질을 해요.

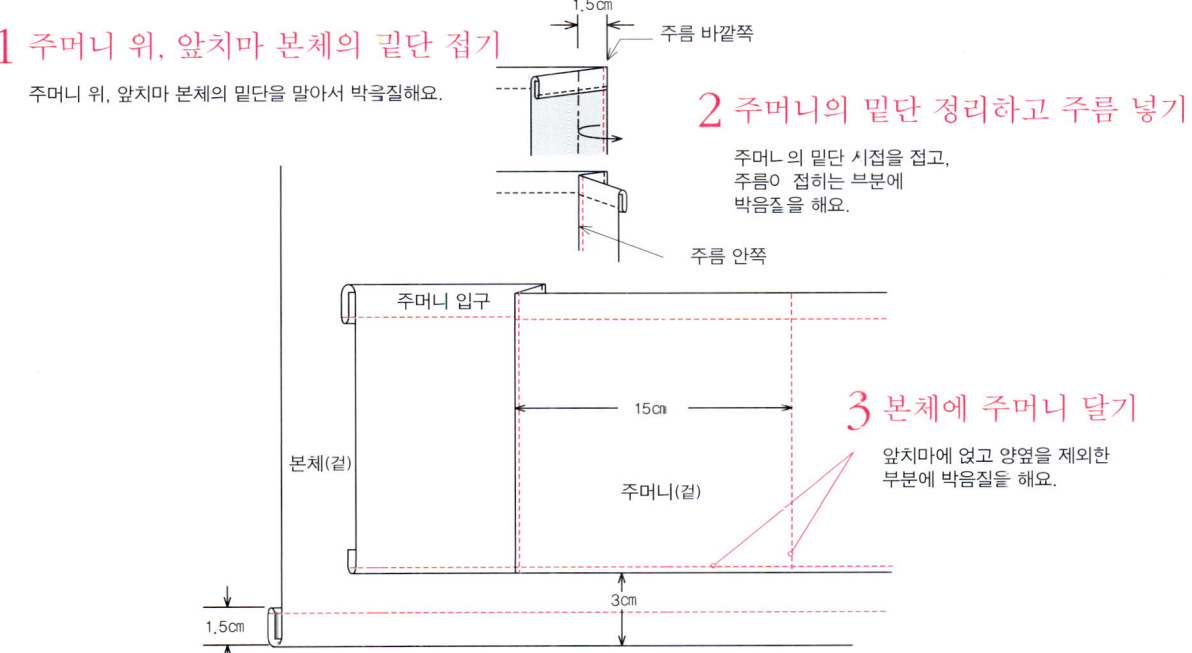

4 본체 옆선 박음질하기

주머니와 함께 앞치마 본체의 양옆에 오버로크나 지그재그 박음질을 하고 시접을 1㎝ 접어 눌러 박아요.

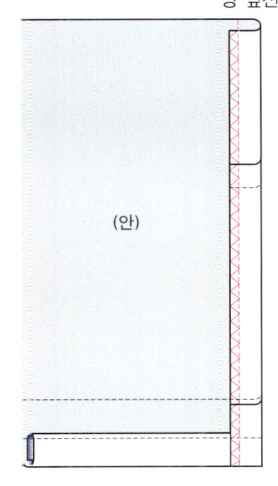

5 벨트 만들기

연결해 하나로 만들어요. 시접은 가름솔로 처리하고 박음질을 해요

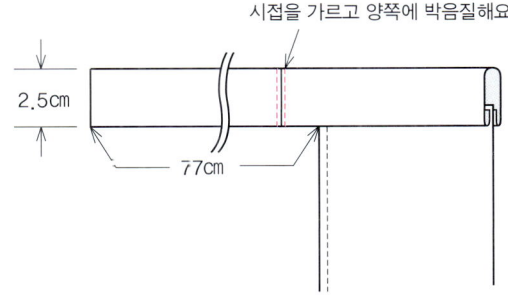

6 본체에 벨트 연결하기

벨트를 앞치마 본체 위에 겉면을 마주대고 박아요. 겉면이 나오도록 뒤집어 시접을 접어 넣고 좌우 벨트까지 이어서 박음질해요.

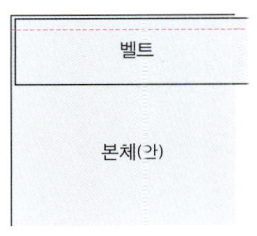

7 핸드 스티치 넣고 아플리케 달기

원하는 위치에 자수실로 스티치하고 아플리케를 달아요.

How to make dog-shaped toy & bone-shaped toy

● 강아지 모양 & 뼈다귀 모양 장난감 (P 32)

실물 크기 옷본 3-A

[재료]

● 강아지 모양
앞 원단
  A, B, C, D 각 약간
뒤 원단
  E, F 26cm × 25cm
코튼
  리본 10cm × 10cm
솜 약 50g

● 뼈다귀 모양
앞 원단
  A, B, C, D 각 약간
뒤 원단
  E, F 22cm × 15cm
솜 약 25g

[재단하는 방법] * 시접은 모두 1cm.

강아지 모양

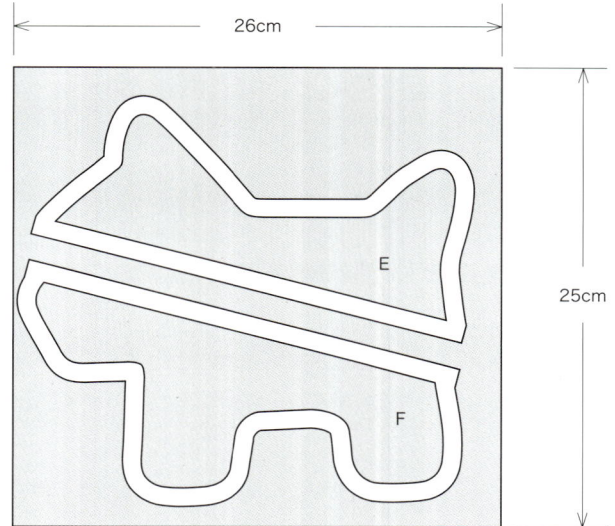

뼈다귀 모양

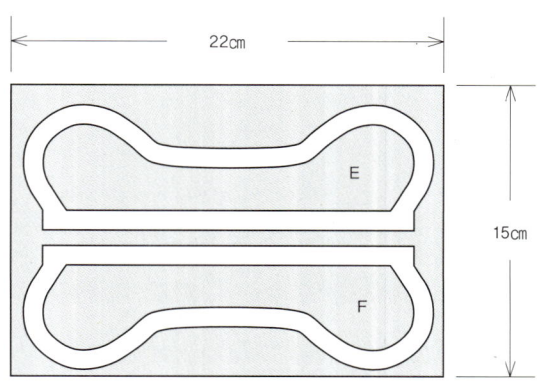

[만드는 방법]

1 재단한 뒤 연결하기

앞면끼리, 뒷면끼리 배치도대로 박음질해요(솔기는 가름솔로 처리하고 P 91 ⑤ 참조). 솜을 넣기 위한 창구멍(E와 F)을 만들어둬요.

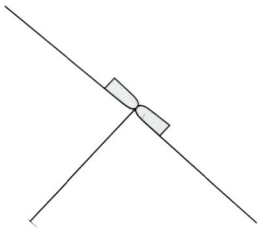

2 앞면과 뒷면 원단 연결하기

겉면을 마주대고 주위를 박음질해요.

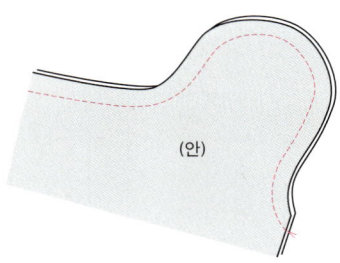

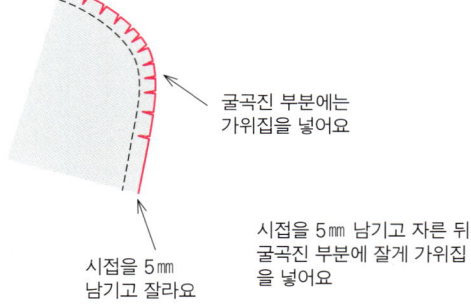

굴곡진 부분에는 가위집을 넣어요

시접을 5mm 남기고 잘라요

시접을 5mm 남기고 자른 뒤 굴곡진 부분에 잘게 가위집을 넣어요

3 솜 채우기

창구멍으로 겉면이 밖으로 나오도록 뒤집어 솜을 채운 뒤 창구멍을 공그르기로 막아요.

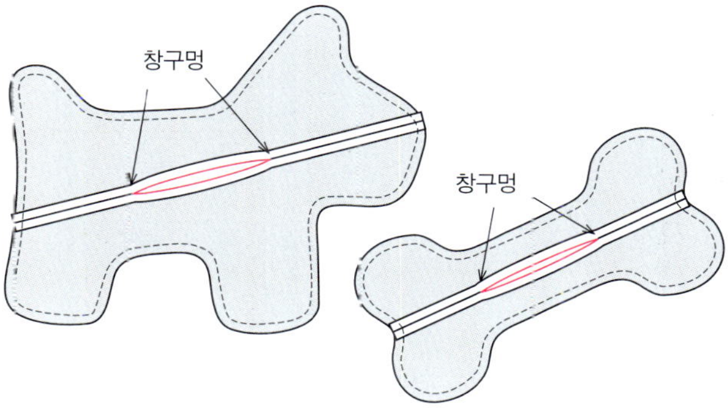

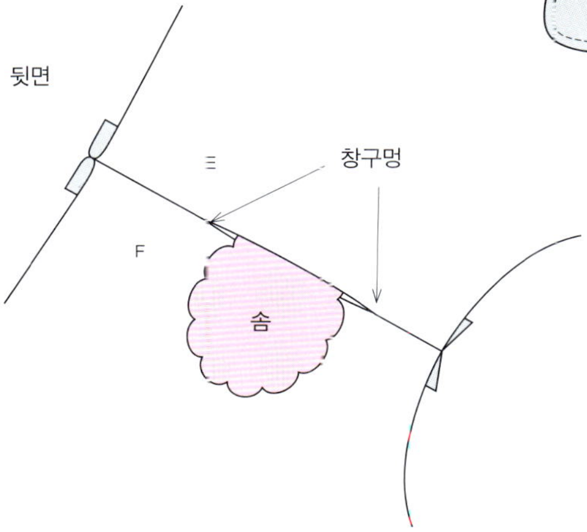

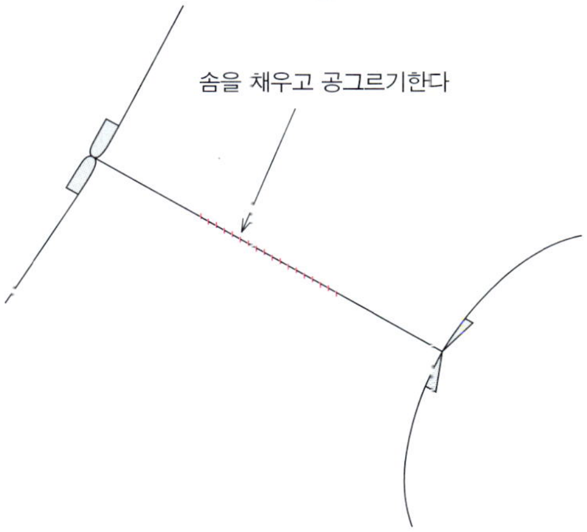

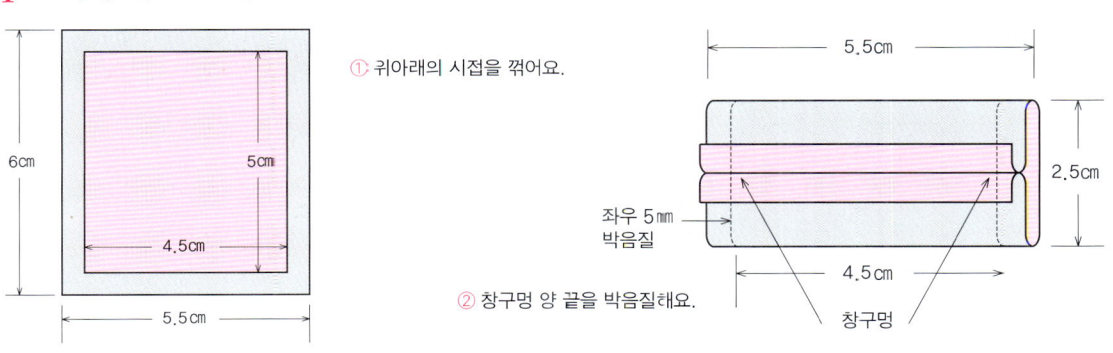

[강아지 모양 장난감만]

4 본체에 리본 달기

① 귀아래의 시접을 꺾어요.

② 창구멍 양 끝을 박음질해요.

③ 겉면이 밖으로 나오도록 뒤집고 창구멍을 공그르기로 막아요(P.57 참조).

④ 리본의 중심을 천으로 감싸고 뒤쪽으로 둘러요.

⑤ 리본의 모양을 잡고 목 부분에 달아 고정해요.

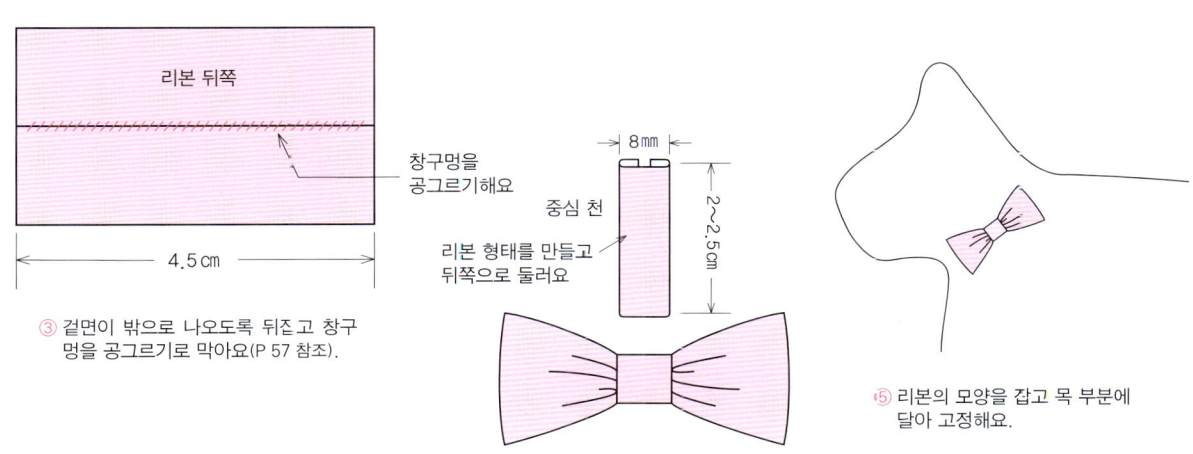

How to make **shoulder bag for going out**

 산책용 숄더백 (P 33)

실물 크기 옷본 3-B

[재료]

도톰한 코튼(물방울무늬)
　가방 앞면 37㎝×74㎝
　안감 주머니 24㎝×20㎝ (2장)
　주머니 위 리본 5㎝×30㎝ (2장)
도톰한 코튼(꽃무늬)
　가방 앞면 포켓 37㎝×68㎝
도톰한 코튼(어깨끈)
　끈 8㎝×102㎝
　안감 36㎝×72㎝

가방용 마그넷(얇은 것 20m/m) 2쌍
면 찍찍이(2㎝ 폭) 8㎝
접착 도미트심(가방 앞면용) 37㎝×74㎝
얇은 접착심(안감 주머니 윗부분용) 3㎝×24㎝ (2장)
두꺼운 접착심(가방 앞면 주머니 윗부분용) 5㎝×37㎝ (2장)
두꺼운 접착심(하드타입, 끈용) 3㎝×102㎝

[재단하는 방법] * 시접은 모두 1㎝.

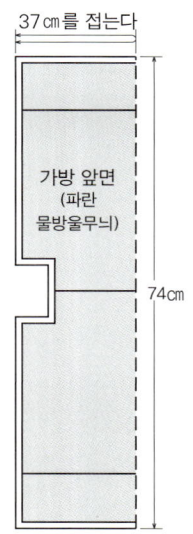

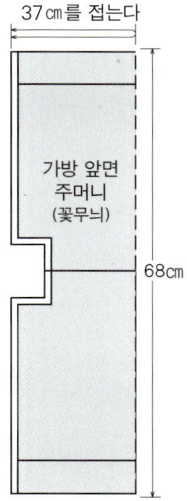

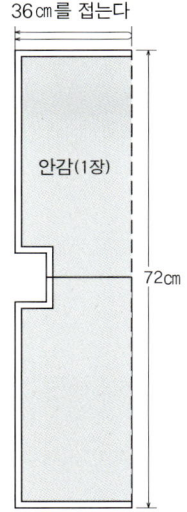

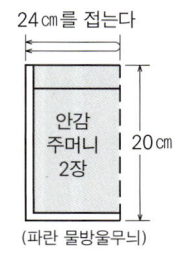

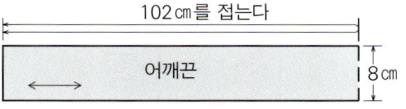

1 가방 앞면 원단에 접착 도미트심 붙이기

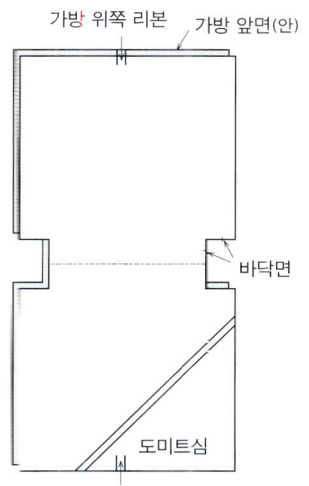

2 포켓에 접착심 붙이기

가방 앞견 포켓 안감과 가방 주머니 안감에 각각 접착심을 붙이고, 오버로크나 지그재그 박음질을 해요.

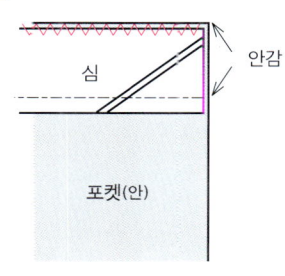

3 가방 앞면에 마그넷 달기

2의 가방 앞면 포켓의 안감 쪽에 마그넷을 고정해 달고 안감분을 접어 박음질해요.

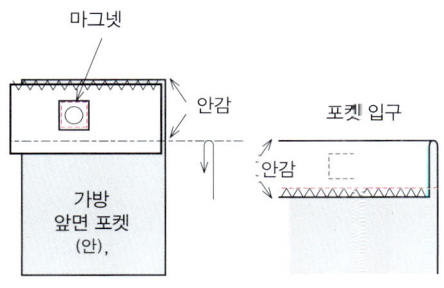

4 가방 앞면에 포켓 시침하기

가방 앞면에 마그넷을 달고, 3을 위어 겹쳐 주위를 시침질해요.

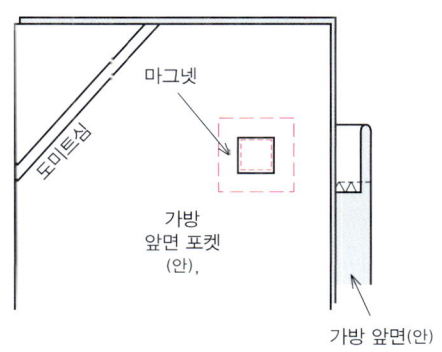

5 가방 앞면 옆선과 바닥면 연결하기

4의 양 옆선을 박음질하고 솔기는 가름솔로 처리하여 박음질하고 바닥면과 연결해요.

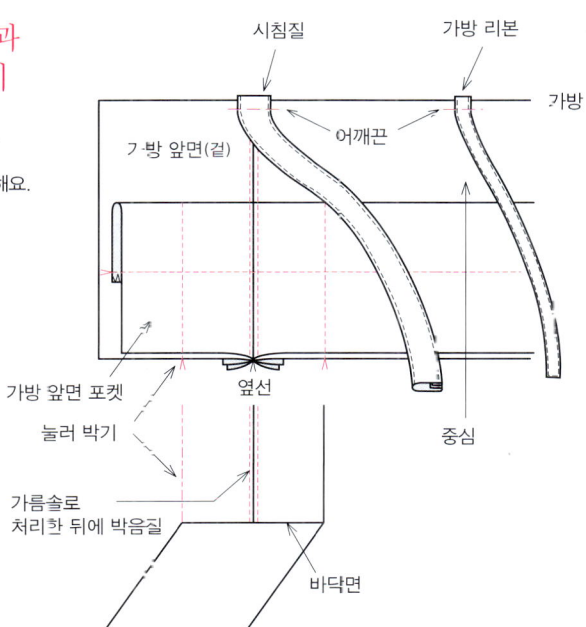

7 가방 앞면에 가방끈, 가방 위에 리본 달기

5의 양옆에 6의 가방끈을 달고 가방 입구 중심에도 리본을 달아요.

6 어깨끈과 가방 리본 만들기

어깨끈에 하드타입의 접착심을 붙이고 3㎝×102㎝가 되도록 접어 박음질해요. 가방 리본은 1.5㎝×29㎝가 되도록 접고 박음질해요(심 없음).

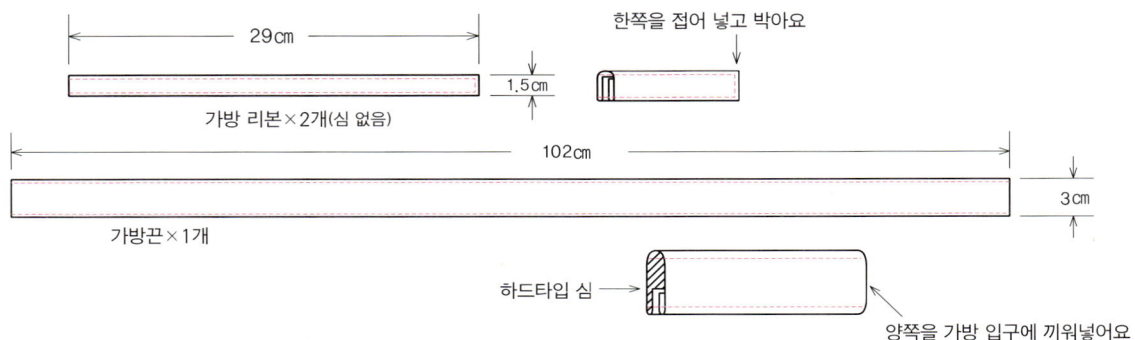

8 가방 주머니에 면 찍찍이 달기

2의 가방 주머니의 안감을 접어 박음질한 뒤에 면 찍찍이를 달아요.

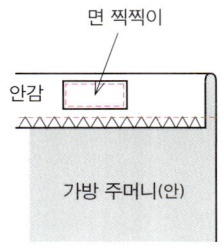

9 가방 주머니에 포켓 달기

가방 주머니에 면 찍찍이를 박고 8을 얹은 뒤 박음질해요. 한쪽에는 마음에 드는 아플리케를 지그재그 박음질 또는 버튼홀스티치로 달아요.

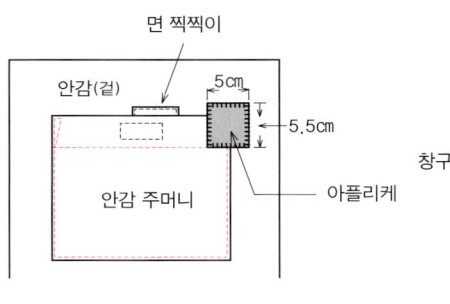

10 가방 주머니 양옆과 바닥면 연결하기

9의 양옆과 바닥면을 연결해요 (한쪽 옆에는 창구멍을 남겨요).

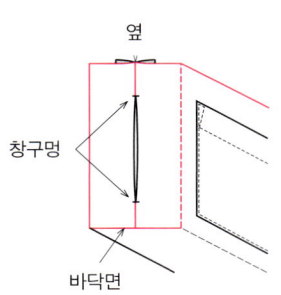

11 가방 앞면과 가방 주머니 연결하기

7의 가방 앞면과 10의 가방 주머니의 겉면을 마주대고 가방 위쪽에 박음질을 해요.

12 가방 입구 박음질하기

창구멍을 통해 뒤집고 가방 위쪽을 박음질해요.

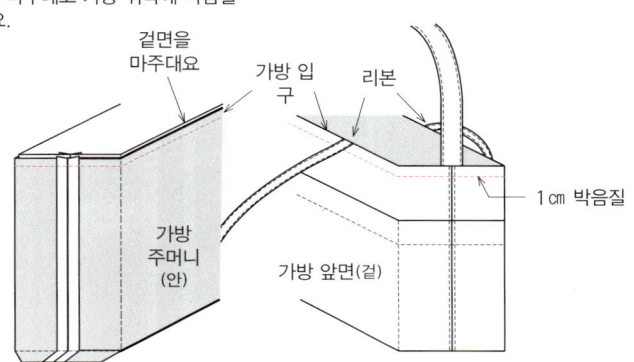

13 창구멍 공그르기

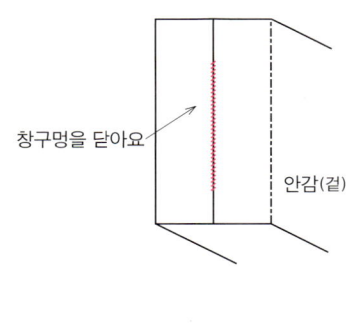

How to make pillow

● 쿠션 방석 (P 34)

[재료]

앞면
- a 12cm×12cm
- b 9.5cm×12cm
- c 5cm×12cm
- d 16.5cm×20.5cm
- e 10.5cm×14cm
- f 14.5cm×14cm
- g 16.5cm×5cm
- h 16.5cm×4.5cm
- i 13.5cm×15cm
- j 11cm×15cm
- k 8.5cm×9cm
- l 10cm×9cm
- m (b와 같은 무늬) 8.5cm×9cm
- n (e와 같은 무늬) 10cm×9cm

뒷면
- o (f와 같은 무늬) 28.5cm×37cm (2장)
- 리본 (d와 같은 무늬) 7cm×32cm
- 테이프심(1.5cm 폭) 37cm (2줄)
- 쿠션 (35cm×35cm) 1개
- 마음에 드는 꽃무늬 등 아플리케 약간

[완성 배치도]

* 시접은 *만 제외하고 1cm

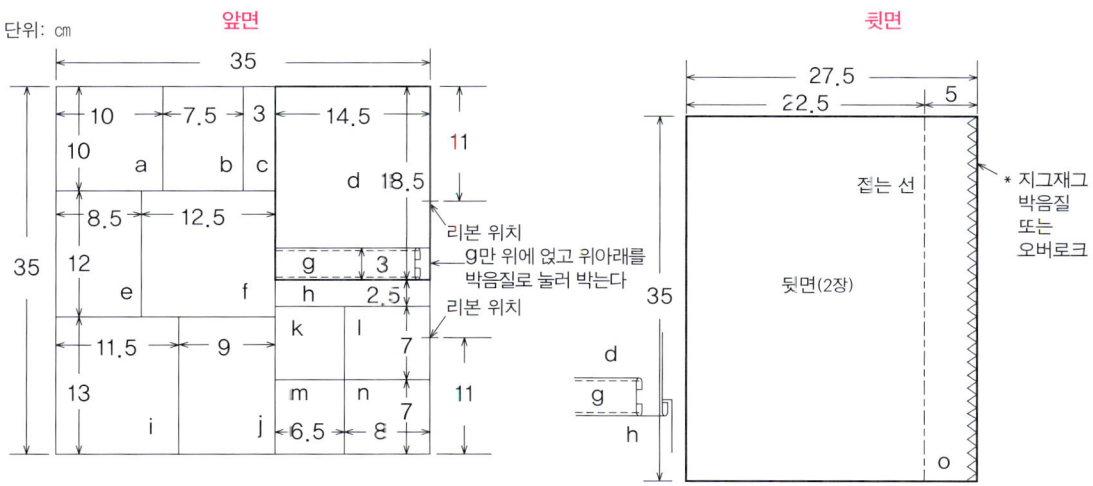

1 앞면 원단 연결하기

a~n의 천을 완성 배치도에 따라 박음질로 연결하고 시접을 오버코크나 지그재그 박음질하여 한쪽으로 꺾은 뒤 다리미로 눌러 모양을 잡아요.

2 아플리케 달기

마음에 드는 꽃무늬를 잘라내어 아플리케로 만들고 d와 l에 지그재그 박음질 또는 버튼홀스티치로 달아요.

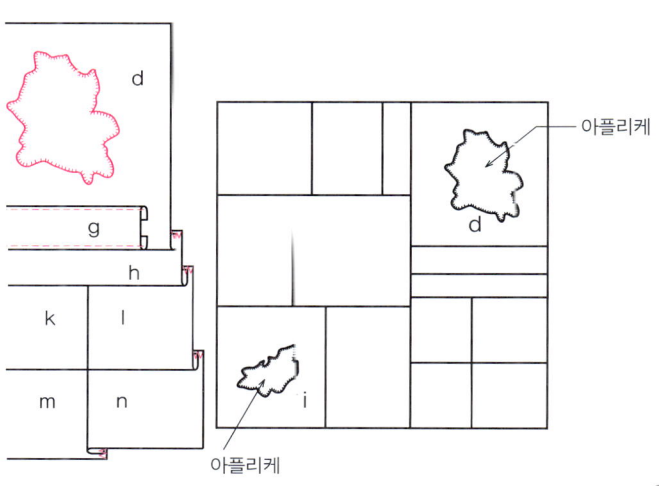

3 뒷면의 쿠션 넣는 창구멍 만들기

시접은 오버로크 또는 지그재그 박음질해요.
말아 접고 테이프심을 얹어 박음질해요.

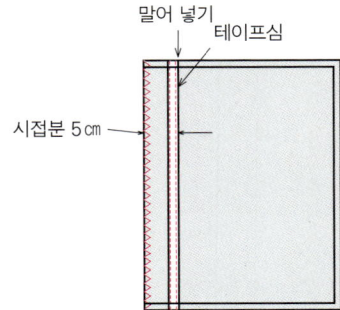

4 앞면과 뒷면 연결하기

앞면과 뒷면의 겉면을 마주대고 주위를 박음질해요. 시접은 오버로크 또는 지그재그 박음질로 처리해요.

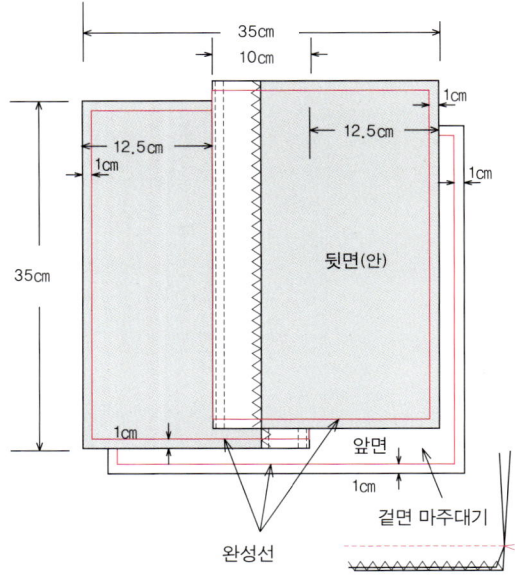

5 겉면이 밖으로 나오도록 뒤집어 가장자리에 리본 달기

1.3㎝×30㎝가 되도록 세 변의 시접을 꺾고 주변에 박음질해요. 리본 모양으로 묶고 가장자리에 달아요.

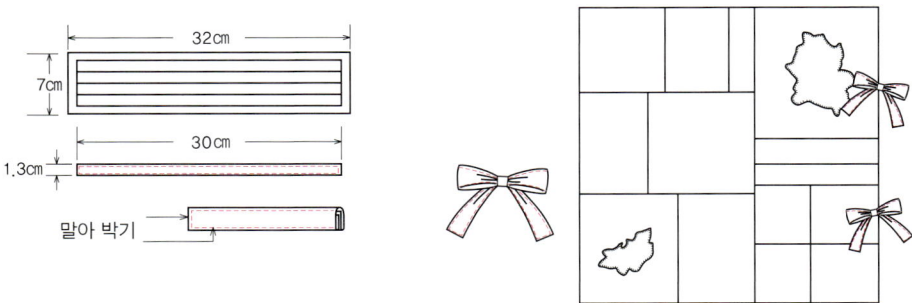

6 쿠션 넣기

How to make **mat for dog**

 🌸 강아지 매트 (P.35)

[재료]

리넨 퀼팅지 64.5㎝×80㎝

코튼 프린트지, 깅엄 체크 등 (마음에 드는 원단) 각 9㎝ 폭×7~15㎝

[완성 배치도]

매트 본체는 그대로 재단하고, 안감의 시접은 모두 1㎝.

단위 : ㎝

[만드는 방법]

1 안감에 천 연결하기

마음에 드는 원단은 시접 1㎝를 남기고 박음질해요.

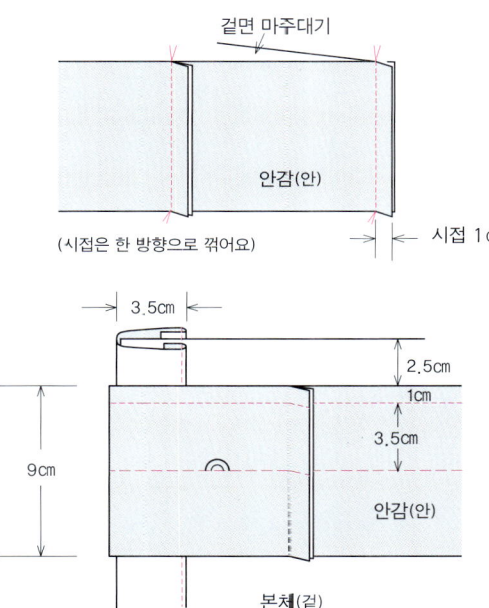

완성 그림 ①→②→③→④의 순으로 안감을 박아요.

2 퀼팅지에 안감 달기

그림대로 차례대로 한 변에 1을 박으면서 한 바퀴 돌려요. 시접은 꺾고 박음질하기 전에 시접의 방향을 정리해요 (P.E8 참조).